La vie rêvée de Jérémy

Jérémy GABRIEL et Alain NOËL

La vie rêvée de Jérémy

PRESSES
DE LA
RENAISSANCE

Ouvrage réalisé
sous la direction éditoriale d'Alain NOËL
avec la collaboration de Pierre CHÉBLI

Si vous souhaitez être tenu(e)
au courant de nos publications,
envoyez vos nom et adresse, en citant ce livre,
aux Éditions des Presses de la Renaissance,
12, avenue d'Italie, 75013 Paris.
Et, pour le Canada,
à Interforum Canada inc.,
1055, bd René-Lévesque Est,
11ᵉ étage, bureau 1100,
H2L 4S5 Montréal, Québec.

Consultez notre site Internet :
www.presses-renaissance.com

ISBN 978-2-7509-0347-3
© Presses de la Renaissance, Paris, 2007.

Avant-propos

Lorsque j'ai rencontré Jérémy, véritable « icône » au Canada, j'avais en tête l'imagerie négative des enfants poussés devant les médias par leurs parents. Projeter un enfant de 10 ans sous les feux de la rampe, n'était-ce pas, justement, le mettre en scène ? N'était-ce pas abuser d'une liberté qui ne pouvait s'exprimer librement ? Quelles étaient les motivations des parents de cet enfant handicapé. L'appât du gain ? L'ambition ? La recherche de la gloire ? N'étaient-ils pas en train de faire de ce petit garçon au visage déformé, sous prétexte de l'aider à réaliser ses rêves, un « animal de foire » ?

Nos sociétés sont, des deux côtés de l'Atlantique, fortement travaillées par le jeunisme. À l'ère de l'enfant-roi, donner un livre comme tribune à un gamin, n'était-ce pas participer de tout cela, de la société du spectacle ? Autant de questions légitimes que j'agitais, en même temps que je compulsais l'épais dossier de presse dans l'avion. Il me fallait y répondre. J'allais au Québec pour dissiper un malaise et confirmer une intuition.

Et puis il y a eu la rencontre avec Jérémy.

Une rencontre intime, fulgurante et lumineuse. J'ai passé du temps avec lui, loin de toute résonance médiatique. Des petits pièges que je lui tendais, il s'est tiré habilement, sans l'aide de personne.

Sa force de caractère et sa foi spontanée m'ont coupé le souffle, ses réponses mais surtout ses réflexions qu'on n'apprend pas, qu'on n'attend pas à son âge. La plupart du temps, elles tapaient dans le mille. À 10 ans, Jérémy a déjà développé ce qui manquera toujours à certains : une vision de la vie élaborée, claire et personnelle. Ça sonnait juste.

Jérémy était doué, et même surdoué pour la vie.

Quant aux parents, mon opinion était faite. Ils étaient passés par le feu, et n'avaient qu'une seule ambition pour leurs trois enfants : les rendre heureux. De retour à Paris, j'avais le vif désir de tout remettre à plat et de faire ce livre. C'était une envie, un besoin, une nécessité. Parce que Jérémy a, au monde désabusé, un message d'amour à délivrer, propre à l'éclairer de sa pureté d'enfant et, peut-être, à changer la vie de beaucoup aussi par son courage face à la maladie et au handicap.

En outre, la plupart des reportages dont il avait été l'objet, certes intéressants, me laissaient sur ma faim. Bref, ils ne pouvaient traiter dans le détail ce qui m'avait semblé à moi essentiel : la vie intérieure d'un petit garçon, d'une extraordinaire richesse. Sur Jérémy, on croit tout savoir. Je ne le pense pas, euphémisme pour dire que je suis sûr que non.

Jérémy a un prénom de prophète. Jérémy Gabriel a un nom d'ange. Jérémy Gabriel-Lavoie, grâce au combat acharné de sa mère et de son « père de cœur », sans lesquels il serait mort depuis longtemps, a trouvé son chemin par le chant. Il n'est pourtant ni prophète ni ange et, quand on lui demande s'il est une star, il rit en levant les yeux au ciel. On dit que de la bouche des enfants sort la vérité. C'est souvent faux et souvent elle n'est jamais que l'écho de la voix des parents. C'est ici pleinement vrai. Et si Jérémy, tout simplement, n'était qu'un enfant, avec, sous son écorce, un esprit rempli de sagesse ; si Jérémy, tout simplement, était pleinement un enfant ?

Un livre… Une autre façon d'entendre la voix de Jérémy. Quand il prend la parole, je me suis fait une règle d'être au plus près de ses propos, quitte à les offrir en vrac au lecteur : c'était pour moi affaire d'exigence, d'honnêteté et de vérité. Au pire ai-je repris la syntaxe quand elle était trop enfantine. La vie n'est pas une ligne droite et le vivant échappe au rationalisme. Acceptons donc que certaines de ses réponses soient parcellaires ; qu'il aille « à saut et à gambade », comme dirait Montaigne ; qu'il saute de temps à autre du coq à l'âne aussi. Pleins de lumière, les mots de Jérémy restent des mots d'enfant.

Mais il est temps que l'éditeur se retire pour laisser au grand-père que je pourrais être pour lui

le soin de vous raconter la vie d'un petit bonhomme épatant qui va au bout de ses rêves. Une
histoire qui, si elle n'était intégralement vraie,
aurait pu commencer par : « Il était une fois, la
merveilleuse histoire d'un enfant pas comme les
autres, celle de Jérémy… »

1.

Rome, comme dans un rêve

« Ils ont échoué parce qu'ils n'ont pas
commencé par le rêve… »

Shakespeare

R ome. 2 avril 2005. Il est 21 h 53 lorsque
retentit le bourdon funèbre des cloches du
Vatican. « … choc septique et chute irré-
versible de la circulation cardio-vasculaire… », annonce un communiqué officiel. Il y a seize minutes
exactement, Jean-Paul II, à 86 ans et après plus de
vingt-six ans de pontificat, a rendu son âme à Dieu.

Ce soir, l'espérance peine à emplir les cœurs
malgré la foi. La chrétienté est en deuil, et peut-être
au-delà. Une foule compacte de veilleurs se masse
sur la place Saint-Pierre. C'est déjà un souvenir
que l'on retient. À l'instar de millions d'autres dans
le monde, on se sent orphelin. Ce soir, à chacun
d'eux et quoi qu'il advienne, il manquera désormais
quelqu'un.

« Je suis venu vous chercher. Vous êtes venus.
Je vous remercie. »

Tels sont les derniers mots de Jean-Paul II à destination de ceux auxquels il a consacré tant d'efforts durant sa vie de pasteur. Innombrables, ceux qui sont « nés » à la foi sous son pontificat, les jeunes...

Même jour, même heure de l'autre côté de l'Atlantique, à près de sept mille kilomètres. Il est 15 heures, heure locale au Québec. Alors que le minuscule État du Vatican est plongé dans la nuit, les enfants vont bientôt sortir de l'école et regagner leurs foyers.

À l'heure du repas, qu'on prend tôt ici, les télévisions retransmettent les images du pape sur sa couche mortuaire, auquel on rend des hommages posthumes. Un enfant de 8 ans les regarde en famille. « C'est trop triste. Ça ne se peut pas », pense-t-il.

Et pourtant...

L'enfant, par le réseau satellite, fait l'expérience de la mort. Celle du Saint-Père le plonge dans la stupeur et l'étonnement. Quelque chose en lui est bouleversé. « Ça ne se peut pas, se dit-il, j'en avais rêvé... »

Mais de quoi ?

Comme s'il voulait confirmer ce que ses yeux voient mais que ses oreilles n'entendent pas, Jérémy monte au maximum le volume de la prothèse fixée à son crâne, derrière l'oreille. Avant elle et sans elle, il était et serait resté sourd. « ... Saint-Père, après une longue agonie, est décédé... » Les commentaires fusent, s'étirent en longueur. On se répète et, bien qu'on le fasse avec d'autres mots, il a compris : le pape est mort, il n'y a plus de doute.

« Décédé... »

L'enfant se lève du canapé, embrasse furtivement ses parents et ses deux petites sœurs, lovées contre eux. Rivés au poste, choqués par la nouvelle qu'ils savaient proche, ils ne prêtent pas attention à leur aîné qui n'a pas mangé. Jérémy va se coucher, comme s'il voulait rester seul, comme s'il avait besoin de méditer.

Dans sa chambre d'enfant, le soleil du printemps rase au loin les collines de la banlieue de Québec. Il frappe sur la chaîne de métal qui sépare les perles d'un chapelet cloué au mur et sur l'espèce de bouton-pression qu'il a sur la tête. Il vient de retirer sa prothèse. Il est, comme tous les soirs, replongé dans le monde du silence, là où surgissent les créatures fantasques, où se montent les scénarios les plus invraisemblables et s'élaborent les rêves, par définition, les plus fous.

Jérémy est choqué. Il donne quelques coups de pied dans le mur qui retentit faiblement de chocs assourdis. Puis il se glisse sous sa couette, son chapelet en main. Sourd au monde, il ferme les yeux et s'en trouve maintenant coupé. Quand sa mère entrouvre la porte, elle la referme presque aussitôt. L'enfant semble dormir paisiblement...

Personne encore et pas même elle ne le sait, mais Jérémy a un secret...

Il y a quelque temps, il a monté l'un de ces scénarios autour de l'homme en blanc qui présidait naguère aux destinées du peuple chrétien. « J'étais sur ses genoux. J'étais à Rome... Pourquoi est-ce que Jean-Paul II est mort alors que je me suis visualisé avec lui ?... se demande-t-il. Pourtant, je suis sûr que je ne vais pas mourir. Ce n'est pas encore dans le programme. Je ne vais pas le rencontrer maintenant au royaume de Dieu, quand même ? Il fallait que je le rencontre sur la terre, ici même ! Pourquoi ?... »

L'enfant est immobile. Seuls ses doigts égrènent les grains du chapelet, mais moins vite. Le sommeil le gagne. « J'avais déjà formé tous les morceaux de mon rêve... pense-t-il dans un bâillement. Je venais juste de mettre en place la dernière pièce du puzzle et il est mort... Il y a quelque chose qui ne marche pas. Je veux le rencontrer sur terre, pas au ciel. Pourquoi est-ce que Jean-Paul II m'a joué ce tour-là ?... »

Aujourd'hui, la réalité ne s'accorde pas aux désirs de Jérémy. Peu à peu, il s'abandonne et sombre. « Je me suis peut-être trompé ? Bah ! Tant pis, si Dieu ne le veut pas, je vais laisser tomber mon rêve... »

Mais lorsque, deux semaines et demie plus tard, la fumée blanche de la cheminée du Vatican annonce l'élection du nouveau pape, le rêve de Jérémy revient avec la force d'une lame de fond. Dans sa vie, tout commence souvent par un rêve et, un beau matin, il décide de dévoiler à ses parents son secret :

— J'ai rêvé que j'allais chanter pour le pape, leur annonce-t-il avec un aplomb confondant. Ça n'a pas pu se faire avec Jean-Paul II. Benoît XVI ne va peut-être pas rester longtemps, mais je n'attendrai pas un autre pape. Celui-là, je ne vais pas le manquer !

Première partie

Rêver sa vie ?

2.

Propulsé dans la vie

S ylvie est dans son bain. Il est 2 heures passées et l'accouchement est proche. Dehors, une nuit aux reflets cyan laisse filtrer la clarté de la lune sur l'épais manteau de neige qui recouvre tout. Un froid de canard plane sur la campagne endormie. La vie a reflué sous terre, c'est le plein hiver.

Steeve, son compagnon, est à cent kilomètres au nord de Québec, près du fleuve Saint-Laurent, pour une mission professionnelle. Alors les parents emportent la future maman dans leur voiture. Elle est à l'arrière, tranquille. Elle n'éprouve aucune douleur et pense qu'elle ne va pas accoucher.

À 2 h 50 elle est à l'hôpital. Elle aurait aimé accoucher accroupi. On l'allonge sur une table. Il est trop tard pour la péridurale.

Il y a foule à la maternité du Saint-Sacrement. Le médecin de garde veille au grain avec ses assistants et les sages-femmes volent d'une pièce à l'autre pour suivre l'évolution des accouchements. « Tout ira bien », dit l'une d'elles à Sylvie.

Elles se sourient. Derrière son ventre rond, gonflé comme un ballon, des tapisseries animées défilent sur le mur de la salle de travail, la colorant de touches de lumière chatoyantes. Elles balaient tel un phare maritime les dessins d'enfants, avec leurs coups de crayon naïfs : des mamans au ventre énorme avec, à l'intérieur, des bébés qui prennent toute la place, des enfants à grosse tête qui leur tiennent la main, des papas à la carrure triangulaire.

Sylvie se détend. Elle est rassurée. On vient de prévenir Steeve qui a repris la route et arrive à fond de train. Contrairement aux scénarios catastrophes qu'on déroule aux futures mères sans expérience, elle n'a pas trop mal. Mais elle souffre soudain lors d'une contraction. Au départ du rêve, c'était le cauchemar.

*
*　*

Christian a 20 ans, Sylvie 21. Ils sont jeunes, heureux, insouciants. Ils travaillent dans la même entreprise et, très vite, ils « tombent en amour ». Malgré ses précautions, Sylvie est enceinte trois mois plus tard. Elle ne sait pas comment s'y prendre pour annoncer l'événement imprévu :

— J'ai deux nouvelles. Une bonne et une mauvaise. Par quoi je commence ?

— La bonne m'aidera peut-être à supporter la mauvaise…

Elle lui apprend qu'elle porte son petit et prend les devants. S'il n'en veut pas, tant pis pour lui, qu'il s'en aille car elle a pris sa décision : jamais elle n'avortera. Christian est ému aux larmes. C'est merveilleux. Elle pense que c'est trop beau pour être vrai mais elle y croit, pleine d'espoir.

— Et la mauvaise nouvelle ?

— D'après les médecins, je fais une grossesse ectopique.

— Ecto quoi ?

L'enfant n'est pas dans l'utérus. Il est niché dans la trompe. Ils risquent de le perdre, et Sylvie d'y laisser sa peau. Il faut opérer d'urgence. Elle s'y oppose. L'enfant doit voir le jour. Christian s'assombrit. Cette vie n'est pas encore éclose que devant eux se profile l'image de la mort. L'embryon s'accroche aux parois du ventre de Sylvie, et Sylvie s'accroche à Dieu. Elle prie ardemment qu'il ne lui ôte pas cet enfant.

*
* *

Dans la salle de travail, il est 4 h 30. Sylvie est emportée par des contractions rapprochées. Le col s'ouvre. Elle gère, étonnée. La douleur est supportable. La sage-femme lui explique en détail la fin de la procédure au moment où Steeve arrive.

Elle et lui, ça date de quatre mois. Ils se sont rencontrés par agence téléphonique. « Bonjour, je suis Steeve. J'ai 26 ans, les yeux et les cheveux bruns. Je fais cinq pieds neuf pouces. Si ça t'intéresse, tu peux me rappeler... » Il s'est dit qu'il pouvait difficilement faire plus plat et Sylvie pense qu'on ne pouvait faire moins vendeur, mais elle est venue au Cosmos café, un bar-restaurant branché de Québec. Avant de travailler dans les assurances, Sylvie a été professeur pour enfants mannequins et animatrice pour personnes âgées aussi. Elle lui tape dans l'œil. Lui est râblé, le centre de gravité bas. On le sent planté en terre et doté d'un mental d'acier. Sylvie le trouve d'emblée solide.

— Un gâteau au chocolat, s'il vous plaît.

— Et pour monsieur ?

— Pareil.

— Avec beaucoup de crème !

Steeve la regarde, amusé. Elle est gourmande, c'est normal. Elle est enceinte. Elle a joué franc-jeu au téléphone et, forçant son respect, lui a expliqué sa situation. Ça ne le dérange pas. Elle lui a dit encore que tout pouvait s'arrêter là. Steeve est un homme qui ne se paie pas de mots. Il ne tergiverse pas.

— Non, non. C'est correct, lui répond-il simplement. J'avais l'impression que je rencontrerais une femme avec un enfant.

Parfois, d'un coup de foudre naît un feu plein de braises. Steeve et Sylvie commencent par des brindilles. Elle avoue ce qu'il avait deviné : elle cherche un père pour son enfant et une épaule solide. Depuis qu'elle sait qu'elle est enceinte, le

petit est sa priorité. Pour lui, la valeur fonda-
mentale, c'est la famille. Ils tombent d'accord sur
l'essentiel et tout est clair entre eux. Bientôt :

— Tu sais, Sylvie, j'ai travaillé dur. J'ai mis suffisamment de côté pour faire vivre une famille.

Steeve, par nature, parle peu. Sylvie est allongée
sur la table de travail. Il rassure la jeune femme.
Dès qu'elle a besoin de quelque chose, il court le
lui chercher. Le terme se rapproche. Une contraction plus violente que les autres la ramène sept
mois en arrière.

*
* *

Quand Sylvie est sortie du Centre hospitalier
universitaire de Laval, le ciel était clair et dégagé.
Erreur médicale. Pas de grossesse ectopique. L'enfant
est correctement niché dans l'utérus et la grosseur
n'était qu'un kyste mal placé : une sorte d'orange
qui la fait souffrir en appuyant sur l'appareil géni-
tal. Rien de méchant. Il devrait se résorber de lui-
même. Christian est aux anges.

La nouvelle se répand comme une traînée de
poudre dans le village : le postier, la boulangère,
l'épicier, tout le monde est au courant et il lance à
tout bout de champ : « Je vais être papa ! Ma petite
femme attend un bébé. Il s'appelle Xavier ! »
Mais il ne passe pas la rampe et après six mois
de fréquentation et trois mois de grossesse, c'est

dispute sur dispute. Un matin, un raffut de tous les diables emplit l'appartement. Sylvie lui en demande les raisons :

— On déménage.

Ils devaient le faire plus tard. Christian lui parle de réalisme : ils ne peuvent plus payer les frais. Il faut réduire encore un train de vie déjà modeste. Il a décidé de mettre tous les meubles chez ses parents.

— Sans me demander ?

— On ira habiter chez eux dès la naissance de Xavier.

Colère noire de Sylvie. Cette fois, on prononce des mots qu'on ne rattrape pas. Pour une chicane, elle se retrouve dehors.

— Je crois que tu ne m'aimes pas.

Christian se tait. En matière de réponse, il lui ouvre la porte. À la naissance du petit, ils devaient être trois. Ils seront deux. La blessure est vive. Sylvie sait ce qui l'attend. Les centres de crise recueillent les filles mères sur le carreau. Le cœur lourd, elle pense qu'elle va devoir en faire le tour. Un dernier coup de téléphone de Christian. Il n'assumera pas cet enfant.

Tout est fini. Et pourtant, une impulsion. Elle refuse de se morfondre, de prendre une posture de paumée et, heureusement, ses parents sont là comme toujours pour l'épauler. Ils la recueillent chez eux.

Pour se protéger, Sylvie n'entrevoit qu'une arme : refouler la douleur. Sa décision est prise. Elle sera forte pour son enfant. La main sur son ventre, elle parle au fœtus : « T'inquiète pas, mon amour. Je me laisserai pas abattre pour un homme. La porte se ferme sur nous, mais je ne te laisserai pas tomber et on en ouvrira d'autres… Puis je te trouverai un père, un vrai. Un bon. Puis tu ne t'appelleras pas Xavier. »

*
* *

— Ça va, Sylvie ?

Sylvie regarde Steeve qui lui éponge le front. Le travail est bien avancé et le col complètement ouvert. Dans quelques secondes, Sylvie ne sera plus seulement femme, mais mère. La sage-femme fait reculer Steeve pour aider à la sortie de l'enfant.

— Cette fois, je crois que Jérémy est décidé à sortir.

Ultime poussée. C'est la cinquième. Le 10 décembre 1996 à 5 h 19, Jérémy est propulsé dans la vie avec un mois d'avance.

— Qu'il est beau !

Sylvie est radieuse. Elle vient de vivre un accouchement rapide, comme toutes les mères en rêvent. Mais elle n'a pas son enfant sur son cœur depuis une minute que, déjà, une infirmière l'emporte précipitamment vers la section prénatale. Steeve la suit dans le corridor, blanc comme un linge.

3.

Pause respiratoire

L a ligne verte du moniteur cardiaque saute en cadence au rythme du cœur de Jérémy, branché de partout dans l'incubateur par des tuyaux aux machines. Sylvie veut voir son petit. Elle le trouve beau. Hier était le jour le plus merveilleux de sa vie.

Elle s'approche à pas feutrés de la couveuse où est enclos son bébé. Il est minuscule, il est seul. Il lui paraît d'autant plus fragile qu'elle en est coupée par les vitres de Plexiglas. Les bébés prématurés ont besoin du contact de leur mère, alors on l'autorise à le prendre dans ses bras.

Aujourd'hui, il dort, poings fermés en dedans, dans une posture de protection ou tel un boxeur sur la défensive. Elle se rapproche, tourne autour, prend de la distance et se rapproche de nouveau. Elle scrute, inquiète : « C'est quoi la ligne, là ? » se demande-t-elle. Juste sous les yeux, le visage tombe, comme affaissé vers les joues, comme s'il n'avait que des joues des yeux au menton. « C'est normal, il est tout plissé à cause de l'accouchement. Et puis il est prématuré. » Elle essaie de chasser l'inquiétude parasite mais sa perception se déforme : une ligne, ça devient une crevasse. Lorsque l'infirmière entre, n'y tenant plus, elle lui demande :

— C'est quoi, les lignes qu'il a sous les yeux ?

— Oh ! Rien… répond l'infirmière sans la regarder. Mais le pédiatre voudrait vous parler.

Et elle repart en lui désignant un bureau au fond du couloir. « C'est normal… »

Le pédiatre l'intercepte et, avant que Sylvie n'ait posé sa question :

— Madame, Jérémy n'a pas les yeux à la bonne place.

— Comment ça ?

— Il n'a pas les oreilles au bon endroit non plus. Il faudrait l'emmener au Centre hospitalier universitaire de Laval. Ils ont de meilleurs spécialistes.

Elle ne comprend pas. Elle le trouve beau.

— Qu'est-ce qu'il a ?

— Ce n'est pas grave. Tout va bien. Ça arrive souvent qu'on emmène les enfants dans un autre hôpital, vous savez ?

Transfert en soins intensifs. Sylvie ne sait pas où on l'emmène et pleure à chaudes larmes. On la console. C'est courant. C'est la déprime postnatale, lui dit-on. Normal aussi que l'enfant perde du poids. Ça, elle sait en revanche que tous les enfants en perdent. On lui permettra de monter dans l'ambulance à ses côtés, c'est promis.

Sylvie ressent un malaise diffus qui aiguillonne sa conscience en alerte. Dans sa famille, on n'est pas malade, elle n'a jamais fréquenté les hôpitaux. Quelque chose, elle en est certaine, cloche avec son bébé.

La navette vient pour emporter Jérémy. Sa mère ne pourra pas y prendre place : consignes de sécurité. Quand on manipule l'incubateur de son fils, elle éprouve cette fois un choc violent qui la secoue sévèrement : il y est harnaché les bras en croix.

La pièce est froide comme une morgue, avec ses néons agressifs dont la lumière bave sur les murs, contrairement à la salle des soins intensifs où tout est baigné d'une lumière solaire. Au-dessus de l'incubateur, une lampe pour la photothérapie. Jérémy est jaune sous les spots. Il fait une jaunisse. Il porte un bandeau noir sur les yeux comme deux autres enfants prématurés à côté de lui.

Quand on l'autorise à le rejoindre, Sylvie cauchemarde éveillée. Il ressemble à un petit condamné. Elle vacille. Elle se sent dépossédée de sa maternité. Elle entre dans une réalité nouvelle. Aux nombreux tuyaux qu'il avait à l'hôpital s'en ajoute un qui lui entre profondément dans le nez.

— À quoi sert ce tuyau-là ?

— C'est pour le gavage.

— Mais ils le nourrissaient normalement, au Saint-Sacrement. Avec un biberon.

— Non, madame. Votre enfant n'est pas capable de s'alimenter correctement. Il s'étoufferait…

« Miii-iii-iii ! Mii-iii-iii ! » La sonnette d'alarme retentit. L'infirmière-chef surgit en courant. Elle la fait sortir avec des gestes énergiques. Par l'étroite lucarne de verre armé, Sylvie la voit qui s'affaire avec sa collègue sur l'enfant.

Au bout de longues minutes, elle la rejoint. Sylvie est affolée :

— Qu'est-ce qui se passe ?

— Oh ! Rien de grave, répond l'infirmière. Il a juste fait une pause respiratoire.

— Mais ça veut dire quoi ? Il ne respire plus ?

— Ici, tous les bébés font ça.

— Arrêtez de me dire ça.

— Leur cœur ralentit. Mais il repart. Tout va bien.

Ces derniers mots, elle les entendra souvent, la mère. L'infirmière n'a pas disparu que la sonnerie retentit de plus belle. « Miii-iii-iii !... » Elle ne veut pas quitter son enfant. Un autre bébé est dans le même cas. Autour des deux corps, quatre infirmières s'animent avec des gestes précis. L'une d'elles injecte de la caféine à Jérémy.

— Il est tout bleu !

— Je sais. Ça va passer. Votre place n'est pas ici. Veuillez retourner dans la salle d'attente.

Les heures passent, interminables. Tous ceux qui ont vécu le drame d'une hospitalisation d'urgence connaissent cela. Sylvie n'a pas voulu rentrer et reste affalée sur un fauteuil. À bout de forces elle somnole, épuisée.

Son bébé est d'un bleu profond, presque de la couleur qu'avait la nuit quand elle est partie dans le froid pour accoucher. Il ressemble à une poupée de porcelaine démantelée. Une infirmière le prend, le jette à la poubelle, referme le couvercle.

Sylvie se réveille en sursaut.

C'est la troisième fois qu'elle fait ce cauchemar, alors elle lutte pour ne pas sombrer. Elle sait ce qui l'attend et, chaque fois qu'elle se réveille, sa température a monté d'un cran. Les yeux cernés, elle guette la porte de la salle de soins intensifs, attentive aux moindres coups de sonnette. « Qu'est-ce que j'ai fait au bon Dieu ? C'est pas suffisant, ce que j'ai vécu avec Christian ? »

Entre deux assoupissements, elle se donne du courage et dégrafe son soutien-gorge, actionnant la pompe qu'on lui a donnée. On transvasera le lait dans le récipient pour que, à défaut de l'alimenter directement au sein, son petit puisse s'en nourrir. Au matin, bilan du mercure : Sylvie a plus de 39.

Une infirmière remarque une tache de sang sur la chaise et l'emmène aussitôt en consultation. Le médecin diagnostique une grosse infection de l'utérus. Elle l'entend à peine. Il parle de traitement en urgence. Sylvie se cabre :

— Certainement pas ! Mon enfant est en réanimation et...

— En soins intensifs, madame.

— Pour ce que ça change.

— Madame, vous avez une endométrite. On ne plaisante pas avec ce genre d'infection, vous savez. On doit vous injecter des médicaments par intraveineuse.

Non. Elle ne sait pas. Elle ne veut plus entendre. Jusqu'ici, le refoulement lui a permis de tenir. Même technique. Sylvie n'est pas démissionnaire. Ce qui compte, c'est d'être sur le champ de bataille.

— Écoutez-moi bien. On ne m'hospitalisera pas. Mon bébé est là-bas. S'il le faut, je signe une décharge mais je ne quitterai pas Jérémy. Donnez-moi les médicaments, ça ira bien. Je me soignerai à la maison. Je n'ai pas le temps d'être malade.

Le médecin la prévient qu'elle ne sera pas très avancée si son bébé n'a plus de mère. Elle tient bon. Il insiste, en pure perte. Sylvie ne plie pas. Il fait appel à la hiérarchie. Elle a fait son choix et lui n'en a plus qu'un, laisser tomber.

C'est une femme brisée que Steeve ramène chez eux. Ses yeux sont rougis par le manque de sommeil et la fièvre. Dans son sac, une armada de gélules à ingurgiter le matin, le midi, le soir : quinze par jour. Elle n'arrive plus à dormir. Elle se sent coupable de ne pas rester en veille tant que Jérémy ne s'en sera pas sorti. La fidélité d'une mère, pour elle, ça commence là.

Séries d'allers-retours. On se relaie pour la navette. Steeve, les grands-pères et les grands-mères ; ceux qui le peuvent donnent un coup de main. À plusieurs reprises, Sylvie ressent une forte angoisse : l'étouffement. Elle pressent que son fils fait une pause respiratoire. Elle se retient de respirer, comme si l'apnée la faisait entrer en communion avec son fils. Elle en parle à l'infirmière, qui l'écoute d'une oreille distraite. Elle ne la croit pas, elle le voit bien.

Trente-six heures qu'elle n'a pas dormi. Elle est sur les nerfs.

Elle note sur un carnet. Seconde nuit blanche. « 2 h 21, je sens qu'il fait une pause respiratoire. » « 6 h 38, deuxième pause respiratoire. » Sylvie se confie à l'infirmière, qui consulte le registre de garde. À la minute près, ça colle.

Elle la regarde différemment.

Son fils est toujours dans l'incubateur. On lui a retiré le bandeau et la lumière est moins forte. Il tourne sa petite tête vers sa mère, qui ouvre le hublot. Elle met son index dans sa main minuscule. Il lui serre fort le doigt en la regardant intensément de ses deux billes bleu azur. Sylvie lui prête ses sentiments d'espoir en espérant que lui parviendra, par voie de télépathie, un peu de tout l'amour qu'elle lui porte. Elle a l'impression qu'il lui dit qu'il tiendra, coûte que coûte. « Cet enfant vivra », pense-t-elle. Il vivra, mais la suite ne sera pas rose pour autant.

Pas encore.

4.

Être ou ne pas être beau

J érémy a pris du poids. Avec sa bouche défor-
mée, il ne parvient pas à téter normalement.
Il manque de forces. Il s'acharne sur le mame-
lon sans résultat. Personne n'y gagne. La sage-
femme de l'hôpital du Saint-Sacrement l'a bien
encouragée, mais l'allaitement tourne à la torture,
pour la mère et l'enfant. Sylvie renonce avec tristesse à lui donner le sein et continue de tirer son
lait toutes les trois heures à la machine. Deux mois
que cela dure. Elle le met au réfrigérateur en attendant de le porter à l'équipe de soins prénataux.
Elle obtient qu'on laisse sortir Jérémy le jour de
son anniversaire, mais il fait des infections à répé-
titions. Son lot, ce sera les otites, les sinusites, les
bronchiolites, la déshydratation…

On essaie de le piquer. On ne trouve pas les
veines. L'enfant pleure. Aux bras, ce n'est plus possible. On essaie les pieds, la tête, tous les endroits
où se trouve une veine disponible. L'enfant pleure,
on le devine à ses cris, car il n'a pas de larmes. On
lui a découvert une nouvelle malformation. Son
système lacrymal est déficient.

Jérémy est l'enfant aux larmes sèches.

Sylvie a 22 ans et pleure pour deux. Elle ne comprend pas pourquoi elle doit revenir ici, après les soins intensifs. Injustice de la vie. Conscience martelée sans relâche par des questions ouvertes, béantes et sans réponse. Elle regarde la poche qui alimente Jérémy goutte à goutte. À elle, les médecins distillent la vérité à petites doses et elle découvre à chaque fois que son fils est physiquement diminué. Parfois, malgré tout, Jérémy sourit aux anges et illumine son quotidien. Plus dures deviennent alors les séances de piqûres, et le moral de Sylvie chute. Toute la souffrance de Jérémy, elle la prend en plein cœur.

Contre elle se retourne celle d'avoir mis au monde un fils mal armé pour la vie et, impitoyable, elle s'engouffre dans ces brèches de faiblesse pour lui asséner la vérité vraie : elle n'y peut rien.

Impuissance. Sylvie sent comme jamais le poids du monde et d'une faute dont elle ne comprend pas l'objet. Elle prend sur elle ces douleurs qui lui échappent. Ô ! Comme elle voudrait être à sa place, qu'on la pique, elle, qu'on lui fasse subir ces examens et qu'on laisse un peu Jérémy en paix ! Comme elle voudrait être retenue prisonnière et supporter, en pleine conscience, ce que cet enfant subit sans que s'interpose entre la douleur et lui le filtre de la conscience, de la compréhension. Comme elle voudrait...

— Mais laissez-le tranquille ! hurle-t-elle alors qu'il s'agite désespérément.

Elle se prend la tête dans les mains. Elle ne sait plus quoi en faire. La projeter contre les murs pour sortir du cauchemar ? Elle craque et on l'éloigne de la chair de sa chair. Steeve la prend tendrement dans ses bras et lui murmure quelques mots réconfortants. Elle lui martèle la poitrine à coups redoublés et il encaisse jusqu'à ce qu'elle s'écroule, impuissante, se souvenant de tout l'amour qu'il lui offre généreusement, sans compter.

Parfois même, elle dort par terre ou sur une chaise inconfortable, comme hier, avant-hier et le jour d'avant. Elle ne pense plus qu'à ces minuscules progrès qu'on lui annonce à l'horizon bouché des jours futurs, à ces promesses toujours déçues qui érodent l'espoir comme le ressac de la mer érode la falaise. Chaque jour passé ici est la tuile sur la tête. Elle est à genoux.

Le couple quitte l'univers blanc de l'hôpital.

Dehors, la neige tombe dru cette année-là et forme de hauts murs entre les maisons individuelles de la banlieue québécoise, dont on ne voit que les toits et les entrées au bout des tranchées creusées à la pelle par les habitants. La température est tombée à − 30 degrés. Les rares marcheurs, sous leurs anoraks en plumes d'oie, font le double de leur volume. Mal équipé, on marche deux cents mètres en plein air et les articulations se raidissent, comme si la synovie gelait, réclamant d'urgence un peu de chaleur.

Sylvie cale. Elle se déteste soudain, ainsi que son ventre, porteur de si mauvaises nouvelles. L'impuissance se transforme peu à peu en un sentiment délétère et vieux comme le monde.

En donnant la vie, Sylvie a transmis la maladie. Elle culpabilise. Dans la glace de la salle d'eau où Steeve lui a fait couler un bain, Sylvie se regarde avec tristesse. Elle est épuisée. Elle mange peu et mal, elle dort mal et peu, une à deux heures par nuit depuis des semaines. Sous ses yeux creux, ses pommettes saillent et elle repense à la « petite ligne sous les yeux de Jérémy ». Elle se sent vieille aussi et prématurément flétrie, comme si l'avenir se refermait au moment où il devait s'ouvrir. Elle n'a pas su mettre au monde un petit valide. Il part dans la vie avec, déjà, un lourd passif. Elle n'a même pas été capable de l'allaiter. Pour l'alimenter, on lui donne toutes les trois heures 25 millilitres, et les nuits, pour les parents, sont souvent blanches.

Elle se souvient de son premier sentiment quand elle a appris la nouvelle : la joie. Elle est devenue tristesse. Elle avait eu peur. Elle s'était sentie frustrée. Elle avait été en rage en se retrouvant à la rue avec son ventre arrondi. Voilà tous ces sentiments passés en même temps que la nourriture par les canaux jusqu'à la matrice, jusqu'au fœtus. Voilà ce qu'elle lui a transmis, et son résultat, pense-t-elle. Voilà pourquoi Jérémy était atteint aujourd'hui du syndrome auquel les médecins, puisqu'il fallait bien un jour le dire, avaient donné un nom en sa présence.

Les yeux pas en face des trous et les paupières tombantes, c'est le syndrome de Treacher-Collins. Une oreille en chou-fleur au premier étage et l'autre sans lobe au second, c'est Treacher-Collins. Son visage déformé, c'est Treacher-Collins et, s'il se confirme qu'il sera sourd, ce sera encore Treacher-Collins.

Elle n'en a pas dormi. Elle n'en dort plus. Cent mille gènes pour définir un enfant et un enfant sur dix mille atteint de la maladie. Pourquoi le sien ?

« Treacher-Collins... », pense-t-elle en se fixant avec détestation dans le miroir. Elle en connaît la définition médicale par cœur. Cette maladie génétique rare se caractérise par une malformation plus ou moins grave du visage. Le maxillaire inférieur est plus petit que la moyenne, d'où l'affaissement du menton et la difficulté à mastiquer. Les dents sont mal positionnées et pousseront, selon toute vraisemblance, de travers. Il manque plusieurs os, notamment des pommettes chez Jérémy. Les oreilles sont difformes, parfois absentes, absence de conduits auditifs aussi et d'osselets. C'est le cas de l'oreille droite pour Jérémy, quasiment pas formée, mais sa surdité est « conductive » : il possède tous les éléments, au niveau cérébral, pour entendre ; sa cochlée est intacte et le nerf auditif fonctionnel.

Sur le palais mou, qui relie le nez et la bouche, il a une fente palatine. L'œsophage est plus étroit que la moyenne, d'où les régurgitations anarchiques par l'un ou l'autre des orifices, les difficultés à avaler et à l'intuber.

« Treacher-Collins… » Le miroir continue de lui renvoyer sans pitié l'image de ce qu'elle pense qu'elle est. À défaut de comprendre, pour peu qu'on le puisse, elle se cherche des raisons et se trouve à la place quelques poux. Si le visage de Jérémy a des malformations, n'est-ce pas à cause d'elle ? S'il n'est pas capable de pleurer, c'est parce qu'elle a trop pleuré pendant la grossesse. Quand elle était plus jeune, elle a beaucoup pleuré aussi, elle était révoltée. Elle avait de la colère contre le monde, peut-être de la haine et, en tout cas, du ressentiment. On lui disait qu'elle n'était pas belle, qu'elle n'était pas intelligente, qu'elle était un peu niaise.

Et voilà que l'image de l'enfant qu'elle a mis au monde trouve enfin son reflet dans les peurs intimes et primitives. Elle est contraire à ce qu'elle attendait de la vie, comme une revanche de la méchanceté sur la méchanceté et le juste retour des choses, à une génération d'écart. On connaît l'histoire : sur les enfants rejaillit la faute des parents.

Jérémy n'a que quelques jours et il porte le poids du passé de sa mère. Dans son esprit de jeune mère, un bébé, ça devait être parfait, avec de beaux yeux, un beau nez, de belles oreilles.

N'est-ce pas fondamentalement humain ? Comment échapperait-elle à cela, au mètre étalon, pour juger de ce qui, ou non, mérite d'être considéré dans la société : la beauté ? Un visage de poupon, c'est forcément beau, c'est forcément mignon, c'est forcément joli, c'est forcément…

Et ce n'est pas, en tout cas, un « visage de petit singe », comme elle a surpris qu'on le disait de son petit.

Son deuxième choc.

Voilà que ce que les gens avancent, elle le prend à son compte. Le cheval de Troie est dans la place. Les guerriers taillent en pièces ses espoirs minuscules. Sylvie, à son corps défendant, intériorise le discours des autres. Leurs paroles deviennent un bruit de fond lancinant et continu, comme le sifflement d'une bouilloire oubliée sur le fourneau. Elle imagine qu'on déblatère en douce. Elle entend de travers, grossit jusqu'à l'excès ce qu'elle entend, ou croit entendre. Et elle y croit.

Voilà que Sylvie, mère, se met à juger son petit Jérémy.

Au fond, elle redevient l'« adolescente méchante » et, puisqu'il faut bien prendre une place, de tous elle est la pire, elle, sa maman. À force de surprendre des regards navrés, il faut bien qu'elle se rende à l'évidence : Jérémy n'est peut-être pas beau. Elle est une mauvaise mère. Si on le tient pour un monstre, c'est à cause de cela.

Sylvie est depuis une demi-heure dans la salle de bains, immobile devant la glace. Elle décide de le cacher pour échapper aux jugements. Elle n'est pas entrée dans l'eau et Steeve, qui n'entend rien, frappe doucement à la porte pour vérifier que tout va bien. Ou pas plus mal.

5.

L'enfant ennemi

Février 1997. Pour noircir le tableau, Sylvie et Steeve ont appris que les canaux lacrymaux frontaux de Jérémy ne fonctionnent pas. La nouvelle leur crisse à l'oreille avec le bruit de la craie. Anesthésie générale. Jérémy subit sa première opération pour les lui débloquer. Décidément, il est tordu de partout. Avec son larynx en zigzag, il faut près d'une heure pour l'intuber. Les médecins en bavent. La manipulation est difficile et hautement périlleuse.

Mais le nourrisson est plus solide qu'il n'y paraît. La chirurgie est bien tolérée. En juin, il est inscrit au programme des fissures labio-palatines du Centre de l'ouïe et de la parole. À ce titre, il y reçoit des services d'orthophonie et d'audiologie tous les mois. L'investigation confirme une surdité, qui se révèle relativement modérée. Le téléphone, comme s'il gardait le souvenir des sonneries en salle d'urgence, le fait sursauter quand il en est proche, et l'aspirateur décamper comme un petit chat derrière le canapé ou les enceintes de la chaîne hi-fi, depuis qu'il peut marcher à quatre pattes.

« Hypoplasie et malformation légère des pavillons. Sténoses des conduits auditifs externes. Fente palpébrale bilatérale. Bifidité de la luette et voile du palais court. Rétrognathie. Tympan non visible. Hypoplasie du malaire bilatéral. Le port d'un appareil devrait lui permettre de récupérer une audition satisfaisante… »

Tout un vocabulaire barbare à mémoriser qui devient par la force des choses familier aux Gabriel-Lavoie. On tente de l'appareiller à l'oreille gauche. Ni une ni deux. L'enfant envoie balader le dispositif. Il n'en veut pas, pas plus qu'il n'accepte de bon gré la nourriture. Veut-il vraiment vivre ?

Jérémy est sur sa chaise haute. Une fois de plus, c'est la croix et la bannière pour lui faire ingurgiter la moindre cuillerée. Sylvie le vit mal. Chaque fois qu'il repousse la nourriture, elle a l'impression qu'il n'en peut plus, qu'il voudrait que ça s'arrête.

Alors les parents se sont mis d'accord. Ils se partagent la corvée. Car depuis la naissance, Steeve s'occupe de Jérémy comme de son propre fils. Comme son propre fils il l'aime, tout simplement.

Faire manger Jérémy, c'est tout un rituel savant, patiemment élaboré par un nutritionniste. Il lui faut du calme et limiter le nombre de personnes présentes, pour ne pas détourner son attention. Chaque repas doit faire l'objet d'observations minutieuses qu'on note avec soin dans un carnet. L'important, c'est d'être constant dans les exigences fixées et, lorsqu'un objectif est atteint, de s'y tenir mordicus pour ne pas revenir en arrière. L'encourager et le féliciter aussi. En deux mots, être ferme et positif.

Calé entre son torse puissant et son bras fort, Jérémy, chétif, regarde son père avec ses grands yeux curieux. Steeve essaie comme toujours la manière douce, on ne sait jamais. Peine perdue. L'enfant se détourne et ferme opiniâtrement la bouche. Alors, à contrecœur, il la lui ouvre avec le doigt et fait poussoir avec la paume pour faire entrer la cuiller. Il faut placer la nourriture entre les joues et les gencives pour développer les mouvements latéraux de la langue et renforcer une musculature faible. Puis Steeve lui plaque les lèvres l'une contre l'autre, guettant le moindre signe de régurgitation. Son œsophage est tout petit, trop étroit. Jérémy, enfin, avale à dose homéopathique.

Son père l'encourage. Et on recommence. Dix, vingt, trente fois. Il ne faut pas loin de trois quarts d'heure pour vider une petite assiette de bouillie.

— Alors mes hommes, on est prêts ? demande Sylvie d'un ton guilleret en passant le seuil de la maison.

— On n'en peut plus, répond Steeve avec un sourire enthousiaste.

Il fait un effort pour ne pas montrer sa peine à sa femme.

Sylvie passe sa main sur sa joue. On se sourit mais personne n'y croit. La politesse ne fait que cacher la souffrance et dissimuler les failles. Elle sait combien il lui en coûte de contraindre l'enfant.

Puis elle embrasse Jérémy sur le front. Il lui sourit, d'un sourire large et rieur. Il n'en est pas avare. Malgré les piqûres et les stages réguliers en hôpital, il sourit tout le temps, cet enfant, et babille. C'est l'heure de la promenade. La séance de gavage est déjà oubliée.

Avec des gestes précautionneux, Sylvie emmaillote Jérémy qui, bientôt, est chargé dans la poussette.

Aujourd'hui, il fait beau et aussi chaud qu'il a pu faire froid durant l'hiver. La belle saison est bien entamée.

Ils se promènent un bon moment en silence. La forêt forme un immense toit de verdure où se nichent toutes sortes d'oiseaux qui pépient joyeusement. Jérémy veut tout voir. Quelques promeneurs apparaissent au bout du chemin. Sylvie fait un écart pour les éviter. On marche encore et Steeve prend la main de sa femme :

— Pourquoi as-tu fait un écart ?

— Le soleil tape, répond-elle. C'est mieux d'être à l'ombre.

Déjà, Steeve a repéré un stratagème de Sylvie dans les salles d'attente. Elle tient l'enfant emmailloté dans une couverture, contre son cœur, et fait croire qu'il dort quand on s'approche. Quand ils vont faire des courses au supermarché, des gens remarquent : « Oh ! Qu'il est mignon ! » Puis, en y regardant à deux fois : « Mais, il est tout petit... Il a quel âge ? Ah ?... Le mien, à cet âge-là, vous savez, il pesait... Remarquez, ça ne veut rien dire... J'ai une cousine qui... » Bla bla bla. « Il parle ? »

Non, évidemment. Sylvie, à chaque fois, prétexte une course urgente pour s'extraire de la présence de ces bouffeurs d'espoir.

Et elle rentre à la maison, choquée : « Mais qu'est-ce que ça peut me faire que leur bébé pèse tant de kilos ? ! Qu'est-ce que ça peut me faire qu'il soit normal ? Pourquoi est-ce qu'on vit dans un monde de performance, Steeve ? Pourquoi sont-ils contents de m'écraser avec leur bébé plus gros ? »

Toujours des questions sans réponse et le sentiment, plus que jamais, que l'enfant n'est pas taillé pour un monde qui ne fait pas la part belle au handicap.

Sur le chemin, les rayons du soleil sont masqués par les frondaisons et Steeve reprend, alors qu'ils abordent une côte d'un pas régulier :

— Ce n'est pas à cause du soleil, Sylvie...

— Comment ça ?

— C'est à cause des passants, n'est-ce pas ?...

Sylvie se tait. Steeve parle peu mais à-propos et, quand il le faut, il sait ne pas mâcher ses mots. Il a raison. Il vient de mettre à nu ses véritables motivations. Le mal, contenu depuis neuf mois, s'écoule par l'entaille qu'il vient de lui faire avec ses mots pointus. Elle ne parvient pas à accepter la différence de son fils, bredouille-t-elle. Blessée par les propos qu'elle a surpris à l'hôpital, elle l'est aussi par la compassion outrancière des gens. Quand ils sont là, autour de lui, ça sonne faux.

Évidemment, on veut le prendre dans les bras. Sa mère déteste ça plus que le reste. Elle est fatiguée de devoir toujours préciser qu'il n'est pas comme ceci, qu'il n'est pas comme cela, qu'avec le temps on corrigera ceci, qu'on corrigera cela. Chaque fois qu'elle parle de Jérémy, elle doit dérouler une liste longue comme une page de bottin téléphonique, justifiant une à une ses déformations. Elle présente son fils comme en s'excusant qu'il soit ce qu'il est. Elle a envie de ruer dans les brancards. « Ce n'est pas un monstre, bon sang ! C'est un être humain. »

Oui, elle a tendance à éviter les gens pour échapper à leurs questions. Elle abdique et l'avoue à son Steeve. Parce qu'elle est lasse aussi. Hier, une commerçante s'est précipitée sur Jérémy en le couvrant de baisers.

— Et pourquoi tu crois qu'elle l'a reconnu ?

— Les commerçants connaissent leurs clients.

— Mon œil !

— Elle lui a apporté de l'amour. Tu devrais être contente.

— De la pitié plutôt !

— Allons !…

— Ne raconte pas n'importe quoi, Steeve ! On n'y avait pas mis les pieds depuis plusieurs mois, dans ce magasin. Tu sais aussi bien que moi que si elle l'a reconnu, c'est parce qu'il a des malformations.

Il lui rétorque qu'elle exagère, mais il sait qu'elle n'a pas tout à fait tort. À son tour, Steeve se tait. Être positif a ses limites et, aujourd'hui, on a épuisé toutes les ressources de la méthode Coué. Il laisse aux mots le temps de faire leur bonhomme de chemin souterrainement, dans le secret du cœur.

Au retour, Sylvie est agitée, tiraillée par des sentiments contradictoires. Elle regrette son attitude mais, au fond, elle est soulagée par leur conversation. Jérémy aurait pu devenir son pire ennemi alors qu'elle l'aime plus que tout, plus que sa propre vie. Il faut digérer les réflexions malheureuses, transformer la peur du regard de l'autre, faire levier et s'en servir pour y puiser une nouvelle force. Un programme de titan. Cela prendra du temps.

Il faudra combattre, abandonner le poids des jugements et cesser d'être son propre bourreau. Comment ? Elle n'en sait rien sinon qu'elle le souhaite de toutes ses forces et que, pour gagner cette bataille, elle peut compter sur sa foi ainsi que sur celle de Steeve. Elle l'ignore mais dans quelque temps Jérémy, du haut de ses trois pommes, montrera lui-même la voie à ses parents.

Ils vont presque sortir de la forêt quand un autre groupe de promeneurs les croise. Ce jour-là, Sylvie ne les évite pas. Un poids est en train de tomber et, peut-être, un espoir va-t-il naître…

6.

La danse de Noël

L e cycle de la vie se poursuit, imposant à la nature le rythme calme et lent de l'hiver. Dans la banlieue endormie, étalée à perte de vue au nord de Québec, les voitures seules font mouvement et trouent l'obscurité précoce de leurs phares blancs. Elles glissent dans un ronflement léger de pistons et de crissement de gomme, amortie par le tapis ouaté de la neige sur le goudron.

Tout est paisible.

Les flocons tombent à l'aplomb des façades de bois et forment un rideau derrière lequel le clignotement des guirlandes électriques ponctue la nuit la plus longue de l'année. Elles rappellent l'événement fondateur qui a donné à l'histoire des hommes son calendrier. Ce soir, presque en catimini, on fêtera la naissance de l'enfant de Bethléem.

Steeve négocie le dernier virage et se gare sous l'auvent démontable. Sur le toit, la couche de neige est si épaisse que leur maison ressemble à un gros champignon. Il est heureux d'arriver dans ce modeste havre de paix abritant leur famille. Malgré les difficultés, ou peut-être grâce à elles, le couple alimente un feu qui ne se dément pas.

Tantôt ballottés par les tempêtes, tantôt profitant des accalmies entre deux séjours à l'hôpital, ils fortifient leur amour dans l'épreuve.

Que serait-il arrivé s'il avait été le père biologique de l'enfant ? Ce genre d'épreuve, c'est le coup de poker. Soit ça passe, soit ça casse et les membres du couple, en pareil cas, ne sont plus l'un pour l'autre que le pâle reflet d'espoirs d'avenir déchus. Peut-être est-ce une chance pour eux, au fond ? Il est là. Il n'a pas le goût du martyre. S'il n'aimait plus Sylvie, il serait parti. Mais ce n'est pas le cas. Steeve est amoureux.

Les bras chargés de cadeaux, il retrouve la chaleur du foyer. Il est heureux. Jérémy, normalement, passera les fêtes avec eux. Ses infections observent la trêve de Noël.

Dans la cuisine américaine, Sylvie prépare un plantureux repas. Elle a des dispositions. Son père, un Toulousain expatrié depuis 1966 pour être tombé amoureux d'une Québécoise, était cuisinier. Pour accompagner le dîner, Steeve dépose sur le plan de travail une bouteille de Rasteau que les parents de son meilleur ami, français lui aussi, produisent. Derrière la table, dressée avec goût, le sapin de Noël croule sous les guirlandes scintillantes, les boules multicolores et, à l'unisson des autres maisons, il clignote joyeusement sous l'étoile filante à la branche la plus élevée. Le cadeau de Steeve est déjà là.

— Où est Jérémy ? demande Steeve en se déchaussant.

— Il doit être en train de jouer, je suppose.

— Je vais voir.

Ils se prennent la main. Steeve dépose les cadeaux au pied du sapin. Dans sa chambre, Jérémy est assis au milieu d'une myriade de jouets dans son parc. Il ausculte un cube sous toutes ses facettes et, presque du premier coup, l'emboîte dans la bonne case. Ses parents l'épient en silence. L'enfant s'attaque à un triangle, trouve à le positionner au bon endroit.

Chaque victoire de Jérémy est une revanche sur le doute et les funestes pronostics. Steeve lève le pouce en l'air et, le cœur vibrant d'une émotion difficilement contenue, Sylvie le regarde les larmes aux yeux. Son enfant, sa corde sensible. Son moral, des montagnes russes. Il suit la courbe de l'évolution médicale de son fils.

Toutefois, elle est moins angoissée en ce moment. Déjà, Steeve met le holà quand il la sent partir en vrille. Chaque jour qui passe confirme qu'il est un roc. Il prend la distance qui manque à sa femme, temporise dans l'adversité, se repositionne sans cesse et repousse les énergies négatives. Sélectionné très jeune en équipe de hockey – il n'avait pas 4 ans quand il a commencé –, il avait un talent naturel et le sens inné du jeu, mais il a opté pour une voie qui l'attirait davantage par les efforts qu'elle réclame. Depuis l'âge de 13 ans, Steeve pratique les arts martiaux, à haut niveau. Il est quatrième dan et le directeur technique du club de taekwondo de Charlesbourg. Pour lui, ce n'est pas une activité récréative, mais une véritable philosophie de vie. Pour comprendre l'homme, il faut partir de là. Du moins est-ce une bonne porte d'entrée.

Des centaines de combats en compétition. L'épreuve et le combat contre soi-même, Steeve connaît. « Chaque fois qu'on passe un grade, on a un poids supplémentaire sur les épaules. » Et la force pour le supporter. Peut-être est-ce grâce à cette pratique intensive qu'il s'est senti capable de prendre avec lui, du jour au lendemain, une femme et un enfant qui n'était pas le sien, comme sa propre famille ? Quand on parle des arts martiaux avec Steeve, l'un des premiers mots qui lui viennent est celui de « service ». Pour lui, il s'agit de « former des êtres meilleurs », de les « équiper pour la vie » et de tendre résolument vers une forme de perfection.

Tout est question de « disposition mentale ». Comme Sylvie, il pense que si l'on veut vraiment quelque chose, on a la force nécessaire pour l'accueillir. On flirte ici avec la spiritualité. Quand il réussit à casser une série de planches d'un coup de poing, c'est que l'esprit voit déjà derrière. « Si t'es certain que ça va casser, ça va casser... »

Et puis ils ont eu plusieurs avis médicaux. Après recoupement, ils vont dans le même sens. Jérémy a beau subir un handicap pour le moins sérieux, sa malformation, tous les examens le confirment, est somme toute « modérée ».

Pour appuyer les faits, l'un d'eux leur a montré des photos d'enfants et d'adultes, considérés comme des cas graves. L'un avait le crâne si gonflé qu'on aurait pu le croire hydrocéphale. À l'autre il manquait tant d'os que son visage n'avait plus qu'une lointaine parenté avec la norme humaine. La voyant déconfite devant ces images à la Elephant Man, le médecin range les photos.

— Il va être comme ça ?

— Mais non, madame.

— Je veux la vérité, docteur. À chaque fois on tente de me ménager en ne me disant pas tout, mais c'est pire. Je préfère tout savoir.

Le médecin lui plante son regard droit dans les yeux. Il a les mains à plat sur son bureau. Elle le trouve franc. Il lui promet la vérité.

— Je vous ai expliqué que son cas était léger. C'est la vérité, madame. Et puis, il y aura les opérations pour corriger au fur et à mesure ses problèmes. En revanche, je ne vous le cache pas, il y aura beaucoup d'opérations jusqu'à la fin de sa croissance.

Bien sûr, ce n'est pas une perspective réjouissante, mais le meilleur moyen d'avancer, c'est de prendre les problèmes un par un, au jour le jour.

Depuis qu'elle sait que son petit est atteint du syndrome de Treacher-Collins, son rapport au temps est bouleversé. Elle se projette moins. Elle met un pied devant l'autre. C'est déjà beaucoup de ne pas tomber. Penser à l'avenir lui prend, décidément, trop de forces.

Jérémy, à côté de ces êtres malheureux sur les photos, est bien loti. Hier, on disait « monstre », elle entendait « monstre ». Aujourd'hui, elle commence à percevoir que le handicap de son fils pourrait peut-être l'ouvrir à autre chose. Il la fait, progressivement, évoluer. Elle ne sait pas encore vers quoi.

Dans les meilleurs moments, elle perçoit comme des mondes insoupçonnés et, dans les passes difficiles, c'est le duel intérieur. Mais à la « monstruosité » se superpose le début d'un petit quelque chose qui aurait à voir avec l'originalité. Jérémy est comme ça. Il faudra faire avec. La voyant dans un tel état d'angoisse et de nervosité, le médecin lui répète :

— Je-vous-con-fir-me, madame, que-la-vie-de-Jérémy-n'est-pas-en-danger.

Cette fois elle y croit et, n'ayant pas le choix, elle fait confiance. Au sortir du cabinet, elle soupire de soulagement. Les parents relativisent. Ils s'accrochent à cela. Le médecin leur a annoncé que, sur le plan intellectuel, Jérémy devrait évoluer normalement pour peu qu'on l'appareille en compensation de sa surdité.

Alors quand Jérémy prend de nouveau dans la boîte en carton une forme en étoile et qu'il lui trouve la case prévue, elle jubile, sa maman.

— Ce qu'il est mignon !

Sylvie, en se tournant vers Steeve, a actionné l'interrupteur et Jérémy pivote, attiré. Quand il voit ses parents dans l'encadrement de la porte, il leur offre un sourire grand comme le monde et commence un nouveau jeu. Il veut sortir de son parc.

Depuis son anniversaire il y a quelques jours, c'est une période faste. Jérémy a fait un merveilleux cadeau à ses parents pour ses un an. Jusqu'ici, il découvrait sa maison à quatre pattes et, enhardi, il s'accrochait à tout ce qui se trouvait à sa portée pour tenter de brèves stations debout. Maintenant, il marche.

Ils se souviennent de leur joie, intense. Il est là, à côté du sapin à s'arrimer aux rebords de la table basse. Soulèvement du bassin, le voilà en équilibre. Redressement du dos et il tient quelques secondes, château branlant, la station debout. Son père le prend sous les épaules. Sa mère se tient à trois mètres et l'appelle en battant des mains. Elle l'encourage. Hop ! Jérémy se lance. Il chancelle avant de faire son premier pas, puis un deuxième. Il arrive jusqu'à sa maman qui s'est baissée pour le réceptionner. Elle le couvre de baisers. Il en redemande. Il fait le chemin en sens inverse jusqu'aux bras de son père, et ainsi de suite. Maintenant,

Jérémy déambule dans la maison en se tenant aux murs. Marcheur en herbe, il veut tout voir, le petit découvreur.

Ambiance de fête. On se prépare à affronter le froid pour aller à la messe et, après l'office religieux, on revient à la maison. Ce soir, on a décidé qu'on ne forcera pas Jérémy à manger. On le laisse sur sa chaise haute patouiller dans son assiette. Rien ne doit troubler ce jour particulier, dédié à la joie et à l'espérance d'un monde meilleur, apportées par un fragile enfant, il y a deux mille ans, dans un endroit perdu du désert de Judée. Jérémy porte plusieurs fois sa cuiller à la bouche. C'est un début.

Il est minuit. Au pied du sapin, les parents donnent à leur fils un paquet coloré. Ils le lui ouvrent. Une peluche qu'il ausculte sous toutes les coutures. Puis Sylvie met de la musique et monte le son, très fort.

Soudain, Jérémy se lève et marche, petit funambule, sa peluche à la main pour garder l'équilibre. Il va droit aux enceintes. Il délaisse son cadeau et enserre de ses bras le haut-parleur. Il lui fait des câlins.

— Qu'est-ce qu'il fabrique ? demande Sylvie.

— Je ne sais pas.

Jérémy colle son oreille. Écouterait-il la musique ?

Steeve et Sylvie n'en reviennent pas. Ils en oublient de déballer leurs présents et observent l'enfant, toujours arrimé à l'enceinte.

— Attends, je veux être sûr, répond Steeve.

Il coupe le son. L'enfant regarde l'objet qui l'avait attiré et s'en désintéresse. Il revient à quatre pattes vers le sapin et met en pièces les papiers cadeau. Steeve remonte le son, très fort. La voix puissante des chanteurs de gospel emplit le salon.

Le petit se tourne instantanément, se lève et crapahute jusqu'à l'enceinte sur laquelle il appuie sa tempe. Il y reste, longtemps. Quelque chose le fait vibrer. Puis il se met à trépigner avec ses jambes écartées à cause des couches, comme s'il dansait en rythme.

Oui ! Un miracle tout simple est en train de se produire. Jérémy entend quelque chose. Mieux, il écoute la musique. Sylvie se laisse aller. Pour une fois, elle ne remplira pas les mouchoirs à tristesse. Premières larmes de bonheur après une année d'hôpital, d'épreuves, d'incertitudes.

Steeve et Sylvie lui prennent chacun une main et dansent avec lui. Au pied du sapin, leurs cadeaux sont toujours dans leurs boîtes. Ils ont reçu du bon Dieu le plus beau qui pouvait être en cette nuit bénie de Noël. À défaut d'avoir de l'oreille, se pourrait-il qu'il ait une bonne étoile ? Au fond d'eux-mêmes, sa mère et son père en sont sûrs, Jérémy est sensible à la musique.

Et il se pourrait bien qu'elle joue un rôle crucial dans sa vie…

7.

L'école oraliste

J érémy n'a pas 3 ans quand sa mère prend la
route pour l'emmener à l'« école oraliste des
enfants sourds de Québec ». Elle est enceinte
de Gaëlle.

Jérémy, sanglé dans son siège, regarde avec
curiosité les paysages défiler. Il semble aimer la
voiture et, d'une façon générale, tout ce qui produit des vibrations. Comme prévu par le médecin,
il a passé quelques épisodes difficiles.

Son père et sa mère prendraient volontiers sa
place à l'hôpital, mais les choses ne vont pas dans
ce sens. Une fois il y retourne parce qu'il tousse
fortement vingt-quatre heures durant, vomissant
et faisant de l'hyperthermie, une autre fois pour
l'implantation d'un tube transtympanique, une
autre encore pour déshydratation. Il n'est pas gros
pour supporter tout ça, mais il est très résistant. Le
rapport médical auquel elle a eu accès indique :
« Depuis deux trois jours, l'enfant refuse totale-
ment de s'alimenter et de boire. Il n'est cependant
pas plus moche qu'avant. »

« Pas plus moche qu'avant », se répète Sylvie.

C'est rude. Pouvoir du langage de nommer le vivant, de donner corps aux mots et de les fixer dans le marbre. Question de l'apparence physique qui infirme le soupçon de fantasme d'une maman uniquement en proie à l'émotion. Sylvie est certes hyperémotive, mais elle n'avait peut-être pas si mal entendu, autrefois. Comme s'il forçait la nature, depuis qu'il marche, Jérémy va encore plus au-devant des autres et fait tout pour attirer l'attention. Sempiternelles questions, empreintes parfois d'une douteuse sollicitude. Un jour, quelqu'un lui demande :

— Il ne serait pas un peu… ?

— Un peu quoi ?

— Un peu…

Mais ce n'est plus la Sylvie désemparée de l'année dernière. Elle coupe court :

— Il a une maladie génétique rare. C'est pour ça qu'il est différent. Moi, je le trouve mignon comme ça.

— Oui, oui, c'est sûr. Je ne voulais pas… Je voulais dire… Et sur le plan… ?

La bêtise, comme le temps et l'espace, n'a pas de bornes. Ça, elle ne l'avait pas prévu. On ne finit pas la phrase. Elle reste en suspens, telle l'épée suspendue par un fil. On se contente d'agiter de façon significative la main à côté de la tête… Pire, on fait une pirouette, on s'excuse, un peu penaud.

On pense que Jérémy est demeuré.

Ce dernier coup met Sylvie à genoux. Tous ses vieux démons resurgissent, plus féroces d'avoir été longtemps retenus. Elle est en colère, en rage, secrètement suffoquée. Elle est convaincue, elle, de l'intelligence de Jérémy mais, après tout, elle ne lit pas dans le marc de café. Ses espoirs sont autant de paris sur l'avenir. L'enfant n'a pas fait ses preuves. Il ne sait toujours pas former une phrase simple et complète comme les autres enfants de son âge. Tout juste bredouille-t-il péniblement quelques mots familiers, attrapés par-ci par-là. Sylvie était profondément fière quand il a prononcé le premier « papa », confirmant qu'ils forment une « vraie » famille. Il dit « maman » aussi, et puis « eau ».

Steeve, lui, n'a jamais jugé Jérémy. Elle si. De nouveau, le combat intérieur. Elle trouve injuste cette disposition naturelle qui le fait sortir de sa coquille, alors qu'elle a tant de mal à accepter sa différence, plus tant parce qu'elle veut le cacher que parce qu'elle craint qu'on ne lui prenne les forces dont elle a besoin pour se battre.

Peu après ces mots malheureux, elle se révolte. « Ce n'était pas assez le départ de son père biologique, Seigneur ? lance-t-elle vers le ciel. On n'en a pas assez bavé, hein ? T'étais vraiment obligé d'en rajouter avec son handicap ? Qu'est-ce que tu vas faire de lui maintenant, un idiot ?... » Elle regrette d'avoir lâché le mot, peut-être par superstition.

La révolte contre Dieu, c'est déjà le point de départ d'un dialogue avec lui. À ses prières se mélangent les invectives. Elle prie plus intensément qu'elle ne l'a jamais fait. Le handicap de

Jérémy serait-elle l'œuvre de Dieu ? Vertigineuse perspective qui la traverse et la laisse sur le flanc.

L'antidote, une nouvelle fois, vient de Jérémy.

En roulant devant un parc sur le chemin de l'école, Sylvie se souvient de l'anodine balade qui a tout déclenché. Ce jour-là, Jérémy joue avec un autre enfant et se met à éclater d'un rire pur et cristallin, une série de sons brefs et haut perchés qu'aujourd'hui on lui connaît bien, sa marque de reconnaissance à lui. Sa façon d'être au monde. Sa petite signature personnelle.

Les parents se rapprochent. Son rire est trop communicatif. Ils saluent Sylvie, qui s'attend au pire et se cache, mal à l'aise, derrière son magazine. Mais rien. Aucune question, aucune remarque désobligeante ou intrusive, pas même de comparaison désavantageuse. Juste le plaisir partagé de s'émerveiller de leurs enfants qui se lancent le ballon et font leur métier d'enfant. Quand ils se séparent, ils remercient Jérémy pour sa joie de vivre et félicitent la maman.

Dans le cœur de Sylvie, un déchirement. Comme si, en lieu et place de la tragédie, se substituait une certitude, une voix intérieure et puissante en réponse à ses prières désespérées. Et si son fils était différent pour attirer l'œil de ceux qu'il croise ? Et s'il avait un rôle à jouer dans la société qui serait de l'ordre d'une mission ? Et si vraiment cette intuition qui sourdait en son cœur venait de Dieu ? Et s'il avait un plan ? Qui serait-elle en ce cas pour s'opposer à ses desseins ? Dieu serait-il l'auteur de son handicap ou aurait-il choisi Jérémy pour être un ambassadeur de sa joie de vivre ?

Et si, à sa mesure, il était là pour transformer le regard des hommes sur la maladie et le handicap ? Et si sa différence servait à réveiller l'indifférence ?... Ce jour-là, elle ressent profondément qu'elle doit accompagner son fils et tout faire, oui, tout, pour l'aider à ouvrir le chemin qu'il voudra emprunter.

Elle se sent des forces renouvelées. Elle se le jure : plus jamais elle ne sera son ennemie.

Rien n'est jamais acquis, mais depuis le jour où Jérémy s'est mis à rire, Sylvie a cessé de se révolter contre Dieu.

Dans le rétroviseur se reflète l'image de son fils. Elle ne l'acceptait pas. Aujourd'hui, elle comprend qu'il y a autant de différence entre « joli » et « beau » qu'il peut y en avoir entre le reflet de Jérémy et Jérémy lui-même. Elle commence à abandonner ses défenses anciennes, à ne plus vouloir, comme autrefois, refouler. Son regard perce enfin le masque des apparences, cette coque solide. Elle en est fière.

Il est beau, son petit Jérémy. Autrement, c'est vrai, mais beau. Il n'est plus défiguré à ses yeux, mais transfiguré. Elle voudrait crier au monde que l'essentiel n'est pas dans la chose qu'on observe, mais dans le regard qu'on porte sur cette chose.

L'école oraliste, enfin, apparaît, haute de quatre étages avec ses belles briques rouges en façade sur les hauteurs de Québec, en lisière du quartier historique. Sylvie est heureuse à l'idée qu'il entre à l'école. Elle n'en a eu que de bons échos. Ici, on le verra différemment. Ici, le handicap, c'est la norme. Ici, on fera ce qu'il faut pour le mettre à l'aise.

Quand Carole Girard, la directrice de l'école, prend son enfant dans ses bras pour l'accueillir, Sylvie ne se cabre pas. Elle le lui laisse de bon cœur, et Jérémy, comme à son habitude, fait tout de suite fondre cette femme généreuse de son sourire enchanteur.

La salle de classe est haute de plafond. Dans les casiers, des multitudes de jeux éducatifs et partout aux murs des dessins naïfs et joyeux. Un moment, Sylvie a l'impression de retrouver la salle d'accouchement. Les fenêtres ouvrent sur un espace rempli de verdure. On entend les oiseaux.

Elle est pensive. « J'aimerais tellement qu'il entende le chant des oiseaux. »

Carole installe Jérémy devant une table très basse et, sentant l'appréhension de la maman, elle prend les devants.

— Vous savez, madame Gabriel, l'école oraliste, c'est une belle histoire.

Elle lui explique avec passion comment le projet a vu le jour. En 1996 ont eu lieu au Québec des états généraux et une enquête commandée par le gouvernement. Ils ont mis le doigt sur une situation dramatique. 85 % d'enfants sourds sont analphabètes. Dix ans plus tard, on retrouve ces enfants dans le secondaire, mais les inscriptions à la faculté sont quasi nulles.

Tirant les conclusions de ce rapport alarmiste, des hommes et des femmes se sont levés. Madame Andrée Boisclair, chercheuse, est la créatrice de l'école. L'école oraliste se donne pour mandat de changer la donne. Issue de recherches très poussées à l'université Laval, elle essaie de comprendre pourquoi les enfants sourds ont des problèmes scolaires et, surtout, comment y remédier. Le personnel enseignant, suivi de près par les chercheurs qui complètent leur formation, en a tiré un programme élaboré et particulièrement adapté.

La lecture est au cœur de ce système, tant pour les enfants en prématernelle que ceux qui atteignent la sixième année. L'accent est mis aussi sur le développement personnel, en favorisant des activités telles que la découverte des sciences, ou le théâtre. Deux fois par an, à Noël et en fin d'année, les enfants présentent une pièce. Un camp de socialisation est aussi prévu en été, que les jeunes aident à financer en participant à des activités qui ramènent des fonds.

— Au total, dit enfin Carole à Sylvie, les progrès sont souvent stupéfiants. Les enfants sont capables d'être scolarisés, d'apprendre à lire, à écrire, à compter, comme tous les autres enfants. Vous avez bien fait de venir l'inscrire maintenant. Plus on les prend tôt, mieux c'est.

Nombre de parents d'enfants sourds portent la même angoisse. Carole anticipe et dit qu'il est normal que ces enfants aient des retards scolaires. Elle lui explique que le jour où les enseignants jugeront que Jérémy a fait suffisamment de progrès, il ira dans son école de quartier. Le but, c'est de le rendre au monde avec des armes pour y trouver sa place. Sylvie est malgré tout inquiète. Jérémy ne sait pas encore former des phrases.

— Bientôt, il saura parler comme les autres enfants, ne vous inquiétez pas. Mais comme une petite visite vaut mille mots…

Elle l'entraîne vers l'étage.

— Et pour son apparence physique ?

— On expliquera en classe d'où vient sa maladie. Les enfants d'ici sont très protecteurs entre eux.

Sylvie embrasse Jérémy et le laisse seul, pour sa première journée d'école. Elle quitte l'école oraliste, légère. Elle se sent épaulée par des professionnels qui n'envisagent pas l'avenir sous un jour noir. Ici, on n'assène pas aux parents : « il n'est pas ceci » ou « il n'est pas cela » mais « il sera capable de faire ceci, ou cela ». Pour la première fois, Sylvie se sent prête à confier son enfant.

Quelques jours plus tard, lors d'une promenade, Jérémy joue avec son cerf-volant. Il mime avec ses lèvres le son du vent…

8.

Nouvelle épreuve

Jérémy a presque 5 ans et il s'ouvre au monde comme une fleur au soleil. Image naïve. C'est pourtant ce qu'on dit de lui. Il rayonne. Il est à l'aise partout et spécialement dans les églises. Lorsque ses parents se sont mariés le 1er mai 1999, il leur a volé la vedette. Il était là, petite mouche du coche, tournant autour du pupitre pendant la lecture des Évangiles, dansant durant les cantiques, battant des mains à l'élévation de l'hostie consacrée et toujours faisant rire l'assemblée sous le regard bienveillant du prêtre de la paroisse.

L'amour que se portent Sylvie et Steeve est solide, à l'image de l'anneau d'or qu'ils ont échangé devant l'autel. Il a été durement éprouvé et, lorsqu'ils ont prononcé le grand « oui », ils avaient conscience qu'ils se faisaient une promesse d'éternité.

Ils se sont établis dans une nouvelle maison, à Charlesbourg, elle aussi en lisière de forêt. Ils ont fait des dizaines de visites avant de craquer pour celle-là. Jérémy ne voulait pas entrer dans les autres. Soit il refusait de sortir de la voiture, soit il y pénétrait de mauvaise grâce, se mettant à crier ou à pleurer, plongeant ses parents dans le trouble. Pour finir, ils faisaient une croix dessus.

Jérémy n'est pas un enfant capricieux et ne fait jamais de crise. Il ne signale guère son mécontentement que lorsqu'il souffre, quand on le pique à l'hôpital par exemple. La plupart du temps calme, il n'est angoissé qu'à la veille des opérations, il craint de ne pas se réveiller. Mais ici, il s'est tout de suite senti chez lui.

Il est allé directement dans sa future chambre et s'est mis à jouer paisiblement avec les jouets de l'enfant de la maison. Sylvie et Steeve y ont vu un signe. « Ce sera chez nous », ont-ils tranché.

En octobre 1999, la nouvelle maison abrite leur famille et, à l'aube du troisième millénaire, elle s'est s'agrandie. Une nouvelle petite tête blonde a fait son apparition au printemps, le 28 mars 2000. Elle s'appelle Gaëlle, « la plus québécoise de nous tous », disent aujourd'hui ses parents amusés à cause de son accent très prononcé. La grossesse s'est bien passée. Un accouchement comme une lettre à la poste. Gaëlle est parfaitement normale, assurent les médecins.

Jérémy passe de longues heures à regarder sa petite sœur Gaëlle. Il veut la faire manger, lui donne ses jouets et partage avec elle ses peluches préférées. Loin de manifester des signes de jalousie comme souvent à l'arrivée du petit dernier, il est très protecteur, la couvrant de baisers et passant avec elle le plus clair de son temps. Jérémy partage naturellement son espace.

La famille Gabriel-Lavoie est heureuse, hormis les hospitalisations régulières de leur fils, parfois très rapprochées. Rien qu'entre septembre et décembre 1999, il en a subi deux. Ils acceptent patiemment ces épreuves. Ils savent que ce sera ainsi jusqu'à la fin de la croissance de l'enfant.

Depuis qu'il est à l'école oraliste, ses progrès, comme l'avait annoncé la directrice, sont stupéfiants. Il aime la compagnie des autres enfants, il la recherche, s'intègre merveilleusement et se révèle très sensible à la musique.

Certes, sa voix est « hypernasale », mais il a bien développé la parole et ce défaut pourra être corrigé plus tard. Il voit une orthophoniste une fois par semaine. Il fait à présent des phrases complètes et tous les examens réalisés au Centre de l'ouïe et de la parole vont dans le bon sens.

Jérémy affiche globalement une attitude correcte face à la communication. Il établit spontanément un contact visuel satisfaisant, réalise des imitations sans aucun problème et fait des rapprochements entre ce qu'il voit et ce qu'il entend, quoiqu'il soit parfois difficile de récupérer son attention lorsqu'il se concentre sur un jeu, étant alors complètement plongé dans son univers. Quant à son fonctionnement moteur, il est satisfaisant. À part des pertes d'équilibre sporadiques, Jérémy effectue l'ensemble des activités attendues à son âge et l'on ne note qu'une tendance, comme sa maman, à marcher sur la pointe des pieds, ce qui n'est pas un problème mais plutôt une disposition heureuse pour aller piocher les sucreries au-dessus du réfrigérateur.

La famille est heureuse mais Sylvie pressent, encore, que quelque chose ne tourne pas rond.

— Je me demande s'il n'y a pas encore un problème. Tu ne trouves pas qu'il est très fatigué en ce moment, Steeve ?

À son père aussi le comportement de Jérémy paraît suspect. Il est moins tonique, il se fatigue beaucoup plus vite depuis l'été précédent.

Un rendez-vous médical est pris et, en juillet 2001, tombe le couperet. Jérémy « gagne le gros lot une seconde fois », comme le dit aujourd'hui sa mère. Il est atteint d'une déficience immunitaire. Sylvie est laminée.

Le médecin commence :

— Jérémy fait des infections à répétition parce qu'il ne fabrique pas d'anticorps.

Steeve et Sylvie connaissent par cœur le syndrome de Treacher-Collins. L'anomalie que leur décrit le médecin n'est pas répertoriée dans la liste. Il confirme. Ils encaissent.

Pourtant, derrière l'angoisse, l'espoir. Déjà parce que, à force, Sylvie gère mieux les chocs ; parce que le médecin est formel également :

— Il y a dix ans, on mourait de cette maladie rare qui réclame un nombre considérable de donneurs pour transfuser un seul patient. Aujourd'hui, on n'en meurt plus.

— C'est sûr ?

— Son état ira en s'améliorant. Il faut juste s'armer de patience, c'est tout.

— Qu'est-ce que ça veut dire concrètement, docteur ?

— Il faudra le transfuser toutes les deux semaines.

— Comme pour une dialyse ?

— Pas tout à fait. Son état s'améliorera avec le temps et les transfusions vont s'espacer.

Quelques jours plus tard, Jérémy reçoit sa première transfusion de gammaglobulines, du « sang blanc » venu directement des États-Unis. 10 000 donneurs pour un seul receveur. On met leurs anticorps dans le même lot et on le fractionne pour faire plusieurs poches de sang pour les receveurs. Ils ont alors des réserves pour environ un mois.

La salle de transfusion est silencieuse et l'hôpital paraît déserté. Jérémy est installé dans un fauteuil large où il est minuscule, le bras bien à plat. Il n'a pas posé de questions quand l'infirmière est entrée et a installé le dispositif. Il s'est laissé piquer sans rien dire, comme s'il était las de signifier qu'il était fatigué. Le bleu de ses yeux est délavé.

Sylvie est à côté de son petit garçon, assise sur un fauteuil. Elle lui caresse la tête. Quand elle lui prend l'autre bras, ses yeux sont humides. Il est tout flasque. Elle voudrait lui dire des millions de choses, le rassurer, lui expliquer pourquoi il est là, mais Jérémy la devance.

— Faut pas pleurer, maman.

Sa voix est nasillarde. Sylvie ne lui connaissait pas ce timbre de voix différent, comme s'il était mûri par quatre années de combat contre la maladie. Des mots simples pour une transition majeure.

Alors que commence la transfusion, Sylvie observe le liquide transparent. Elle pense à toutes ces personnes qui, de leur plein gré, offrent leur sang pour que d'autres puissent vivre malgré leur maladie orpheline. Elle pense à des gens qui, de par le monde, vont permettre à son fils de vivre une vie de petit garçon presque normale. Elle se sent dépendante du monde et plus que jamais connectée à lui.

Désormais, Jérémy doit sa santé à une immense chaîne de solidarité qui dépasse les frontières. Sa mère venait d'accepter de le donner au monde et le monde le lui rend, foule anonyme de donneurs qui donnent de leur temps et d'eux-mêmes.

Dans la salle de transfusion, tout est paisible et Jérémy lit. Sa mère, inquiète, ne voit encore que le geste médical. Elle se demande ce qu'il sortira de tout ça. Un nouveau calvaire, toutes les deux semaines, ou enfin la libération ?

Jérémy arrive au bout des trois heures de transfusion, il n'a rien vu passer.

Quand ils rentrent, il a envie de mettre la maison à l'envers et, d'ailleurs, il ne s'en prive pas. Ses parents ne le reconnaissent pas. Il a un tonus étonnant. Il allume la télé, s'en désintéresse, ouvre tous ses coffres à jouets, court d'une pièce à l'autre en faisant le cheval avec sa petite sœur Gaëlle sur le dos. Puis il continue de courir en imitant Bob l'Éponge, dont il suit, en fan inconditionnel, toutes les aventures. Les rires emplissent la maison.

Grâce aux gammaglobulines de milliers de donneurs, une nouvelle vie commence et Jérémy, enfin, pète le feu !

Deuxième partie

Vivre ses rêves

9.

Première rencontre de Jérémy

J e partage depuis le début de la semaine la vie de la famille Gabriel-Lavoie, avec Jérémy, Gaëlle et Alycia, la petite dernière, née en 2003. Vingt-quatre heures sur vingt-quatre. Que du bonheur. Je suis touché de leur accueil simple, sans chichis.

Ce n'est pas si évident de débarquer dans une famille et d'en partager l'intimité. J'aurais pu descendre dans un hôtel ou l'un de ces multiples *bed and breakfast*, où l'on est si bien accueilli, mais je sentais depuis le départ qu'il nous fallait partager le quotidien, pour nous apprivoiser. Ils mènent leur vie comme si je faisais partie de leur univers. Ils s'ouvrent à moi, à l'image de leur maison où pénètre largement la lumière hivernale. Dans quelques semaines, ce sera le printemps au Québec. Et Jérémy est entré dans sa onzième année.

Depuis mon arrivée, je brûle d'envie de le bombarder de questions. Je me suis abstenu. Le contact est tout de suite passé, mais j'avais envie de vivre à son rythme, de ne pas brusquer les choses. Nous avons passé du temps à faire connaissance, à partager des repas, à parler de tout et de rien et à nous promener aussi dans la campagne. Jérémy m'a montré, enthousiaste, sa collection des aventures d'Astérix.

Je voulais d'abord m'imprégner d'un contexte, mieux, le sentir, lever les objections qui me taraudaient.

Jérémy sait pourquoi j'ai fait le voyage de France jusqu'au Québec, mais il continue de vivre sa vie d'enfant, insouciant. Est-il indifférent au fait que je fasse un livre avec lui ?

Peu après nous être levés, nous avons mangé copieusement : œufs miroirs, bacon et pancakes tartinés de sirop d'érable. Gaëlle et Alycia, la petite brune de la famille, se poursuivent dans la maison avec des cris joyeux. Le moment est venu, je le sens, de prendre Jérémy à part.

Je suis en face de lui. Nous nous regardons. Nous nous sourions.

— On y va, Jérémy ?

— D'accord.

Il est déjà debout. Depuis hier, c'est les vacances scolaires. Toujours en pyjama, il m'entraîne vers sa chambre en me prenant la main. Il me donne la chaise de son bureau et s'assied sur son lit. Face à moi, le mur où est peinte une fresque avec des personnages de Walt Disney. J'enclenche mon dictaphone. Ma première question concerne ses rêves, évidemment. Je lui demande :

— Comment ils te viennent ?

— Je fais des rêves pendant la nuit, mais ils se réalisent lorsque j'ai des flashs.

Cela me met la puce à l'oreille.

— Des flashs ? Quelle différence avec les rêves ?

— Ils m'arrivent brusquement sans que j'y pense, dans la journée. C'est comme un phénomène laser. Ça ne dure pas plus d'une seconde trois quarts et puis c'est tout. C'est comme si tu allumais une lumière... Tu l'ouvres puis tu la fermes. C'est ça un flash. C'est Dieu qui choisit les flashs, c'est lui qui contrôle. C'est comme s'il était dans sa grande maison là-haut, et qu'il y avait les flashs de toutes les personnes sur la terre. Alors Dieu fait ça.

Jérémy actionne l'interrupteur, puis il éteint.

— Si tu crois que ça va arriver, ça arrive. Mais des fois je le garde pour moi quand j'en ai un...

— Pourquoi ?

Il m'explique qu'à l'école, si ses amis pensent que ses visions ne vont pas se produire alors qu'il les leur confie, ça n'arrivera pas. Pour épanouir ses talents, serait-il dépendant des autres ?

— Il faut me faire confiance. Ça m'enlève ma confiance lorsque la personne doute. Après ça, je ne suis plus capable de visualiser et je ne peux pas faire ce que j'avais l'intention de faire. Les gens ne font pas ça exprès, mais ils me calent.

— Ils te « calent » ?

— Ça me stoppe.

— Tu n'en parles plus alors ?

81

— J'évite d'en parler à n'importe qui. Juste à des gens qui me font confiance.

— Je te fais confiance, Jérémy.

Il me regarde droit dans les yeux.

— Je sais.

Et il embraie de nouveau, sur du concret, comme s'il n'y avait aucune coupure entre son monde intérieur et le monde extérieur. Comme si ses rêves ne concernaient pas que lui. Sa sortie me laisse pantois.

— Tu sais, moi, je ne suis pas une diseuse de bonne aventure. Je suis quelqu'un de normal qui veut réaliser ses rêves et rendre les gens heureux. C'est tout.

Tout est résumé. Avec un aplomb qui me confond, il me dit qu'il n'est pas là pour travailler, aller à l'école, faire des études et puis gagner de l'argent. Il voit plus loin :

— Il faut faire ce qu'on aime sur terre. Si tu ne fais pas ce que tu aimes, tu vas avoir une mauvaise vie. Tu vas te gâcher la vie et puis tu perds ton temps. On peut vivre cent ans ou moins longtemps que ça. C'est pas Dieu en haut qui va décider pour nous de notre vie, c'est nous qui créons notre vie. Moi, je suis en train de la créer. Je sais que mon avenir va être bon.

— Pourtant, ta vie n'a pas toujours été facile jusqu'à maintenant.

Il n'est pas simple de tout aborder avec un enfant. Évidemment, on pense à l'image qu'il donne. Comment Jérémy se voit-il de ce point de vue ? Il me devance.

— Tu veux dire, à cause de mon visage ?

— Oui.

— Peut-être que je suis beau, mais je ne suis pas une beauté fatale. Quand je me vois en photo dans le journal, je ne pense pas à ça, mais à tous mes souvenirs. Si je m'arrange pour aller à une émission, c'est juste pour avoir l'air correct. Voilà.

Je m'arrête. Les difficultés, ce sont aussi la maladie et le handicap. On n'entre pas dans un jardin secret comme dans un moulin. On a proposé plusieurs fois à Jérémy de lui refaire les oreilles. Il n'y tient pas. Il veut conserver celles que la nature lui a données. « Personne n'a les mêmes. Je les garde. » Je m'arrête mais, pourtant, il faut bien avancer. Comment faire pour ne pas le brusquer ? J'avance prudemment.

— Comment vis-tu le handicap, Jérémy ?

— Je ne dirais pas que je suis handicapé, rétorque-t-il paisiblement de sa petite voix flûtée. Je dis juste que j'ai des os qui me manquent et que j'ai des problèmes au niveau du système immunitaire. Souvent, ce qu'on veut, c'est parler de ma maladie. Les gens se fient trop à ce qu'il y a à l'extérieur. Ils voient le visage : « Oh ! pauvre petit ! Ô ! mon Dieu ! » Comme s'ils avaient de la pitié. Ils ne vont pas assez voir ce qu'il y a dans le cœur. Ils pensent plus à ma santé qu'à mes rêves. Moi, c'est seulement ça mes problèmes, rien d'autre. Il faudra juste me refaire la carrosserie jusqu'à l'âge adulte, comme dit ma mère. Je n'ai pas de cancer, je n'ai pas une épidémie. J'ai des os qui me manquent, mais ça ne veut pas dire que je vais mourir. Celui à qui il manque un bras, il ne va pas mourir, n'est-ce pas ? Aujourd'hui, on fabrique des bras et on peut même les plier. C'est ça qui est très impressionnant dans la technologie.

— Tu ne crains pas les opérations ?

— Je ne dirais pas que je ne les crains pas. Au début, j'avais un peu peur, c'est sûr. J'étais impressionné. Je ne voulais pas m'endormir parce que je pensais que je n'allais peut-être pas me réveiller. Mais aujourd'hui, ça va. J'ai l'habitude. Ça me gêne juste parce que je n'aime pas les piqûres. Tu sais, si je fais tous ces rêves, c'est parce que je vais vivre, et même longtemps. Sur terre, il y a des gens à qui il manque une jambe ou d'autres qui ont six doigts. Ils ne sont pas condamnés à mort pour autant.

— Ça ne te gêne pas de vivre comme ça ?

— Mais non ! Il y a des gens pour qui la vie est beaucoup plus difficile. Ça ne veut pas dire que je ne vais pas avoir des soucis, mais si tu penses à des choses négatives, tu auras des résultats négatifs. Si tu penses à des choses positives, tu auras des résultats positifs. Les gens pensent tellement que c'est Dieu en haut qui va décider pour eux qu'ils ne font plus rien.

Dieu. Encore. J'avais décidé de ne pas aborder tout de suite le sujet, mais Jérémy va droit au but. Je le suis.

— Par exemple ?

— Quand il nous arrive un malheur, ça ne veut pas dire que Dieu a décidé de ça.

— C'est nous qui décidons ?

— Non, pas toujours. Si tu as un accident, ce n'est pas forcément de ta faute, mais on décide quand même de beaucoup de choses pour soi-même. Si tu veux vivre longtemps, eh bien tu vas vivre longtemps. Si tu veux être riche, tu vas être riche. Si tu veux être cuisinier ou architecte, tu seras cuisinier ou architecte. Tout ce que tu veux être, tu peux l'être.

— Ça marche à tous les coups ?

— Bien sûr, si tu demandes un verre d'eau, il ne va tomber du ciel. Il ne faut pas dire « j'espère », parce que ça veut dire que tu n'y crois pas vraiment. Il faut le vouloir fort. Il faut se dire « ça va arriver » pour que ça se produise. Moi par exemple, je vais avoir un avenir prometteur.

— Tu voudrais qu'on garde le souvenir de toi ?

— Ce que je veux surtout, c'est être heureux. Un jour, on ne pensera plus à moi. Quand je serai marié, j'aurai des enfants. Plus tard ils auront des enfants et ça va continuer comme ça. Ceux qui viendront après moi auront oublié que j'ai existé. Alors il ne faut pas s'inquiéter et faire tout son possible pour être heureux. C'est ça mon but.

— Tu penses que Dieu nous laisse libres ?

— Tu sais, j'ai arrêté de dire que c'est Dieu qui choisissait pour moi. Ça se peut pas. Parce que sinon, ça voudrait dire que le Christ n'est pas venu.

— Et pourquoi est-il venu, selon toi ?

— Si le Christ est venu, c'est pour qu'on fasse ce qu'on veut et qu'on soit libres. Il est venu pour aider tous les gens mais pas pour que la vie soit facile. Il est venu pour que les gens apprennent à vivre sur terre. La vie n'est pas facile, mais en échange on reçoit des cadeaux de Dieu. On a des cadeaux des anges, on a des cadeaux du paradis. Mais si tu penses tout le temps que tu es en danger et que tu vas mourir, eh bien c'est sûr que tu vas mourir. Il faut profiter de la vie, de l'hiver, de l'automne, de l'été, du printemps. Quand les fleurs se mettent à pousser, quand ça commence à être vert, c'est beau, et puis l'été quand les papillons et les oiseaux volent, que le soleil est chaud, et l'automne, quand il y a plein de couleurs sur les arbres et que les feuilles tombent, et l'hiver avec le blanc et Noël, quand c'est tout endormi et joyeux. Toute cette beauté, ça me touche.

— Tu aimes la nature depuis toujours ?

— Oui. Souvent, j'allais à Charlevoix chez mes grands-parents. C'est mon coin préféré du Québec. J'adore aller dans cette vieille maison. Je me suis toujours senti bien avec tous mes grands-parents. C'est là que j'ai commencé mes aventures. Je trouvais que la nature était belle. J'adorais ça, aller la voir.

L'émerveillement d'un enfant devant la beauté de la création… Je me tais un moment.

— Jérémy…

— Oui ?

— Je t'écoute attentivement. Je t'ai regardé vivre. Est-ce que tu es conscient que tu es un enfant un peu… comment dire, spécial ?

— Physiquement ?

— Non. Tu viens de me parler de ton handicap. Est-ce que tu mesures que ta vision de la vie n'est pas commune, pour un enfant de ton âge ?

Alycia entre en catimini dans le bureau et me regarde comme une bête curieuse en se nichant dans les bras de son frère. Jérémy la câline, puis la raccompagne à la porte et la referme sur nous. « Elle fait toujours ça, me dit-il. Elle est curieuse, c'est pour ça qu'on l'appelle "Miss Alycia coucou". » Je lui fais remarquer que 10 ans, c'est bien jeune pour parler comme il le fait.

— Quand je me suis rendu compte que tout le monde ne voyait pas la vie comme moi, reprend-il, et que beaucoup de gens avaient des idées noires, je n'ai pas pensé : « Eh ! Je suis intelligent, moi, et je vais aller raconter ça à tout le monde. » Au départ, je voulais garder tout ça pour moi, puis j'ai senti qu'il fallait que je le donne. J'ai pensé que j'allais mettre mes idées au placard pendant un an ou deux et puis qu'ensuite j'allais les faire partager.

— Et qu'est-ce que tu as fait entre-temps ?

— J'ai réfléchi à mon génie.

— C'est fort comme terme, le génie. Tu ne trouves pas cela un peu exagéré ?

— C'est ce que je sens. C'est comme si j'avais appris certaines choses tout seul.

Au fil de la discussion, Jérémy s'anime de plus en plus. Il s'est levé et parcourt sa chambre. « Tout seul. » « Le génie… » Son début de réponse me donne à réfléchir. Tout cela mérite quelques précisions. Puisqu'il n'en démord pas, poussons, et voyons si Jérémy peut apporter une pierre à l'édifice.

— Qu'est-ce que le génie pour toi ?

— Ce n'est pas une question d'intelligence et tout ça. Tu sais, je ne suis pas quelqu'un avec une grosse tête. Je travaille bien à l'école, c'est sûr, mais l'intelligence, c'est savoir chercher.

— Être curieux ?

— Le génie, c'est juste être passionné par tout ce qui t'entoure et vouloir l'apprendre. Être un génie, ça ne veut pas dire que tu sais tout, que tu es un grand savant.

Sa grand-mère maternelle me rapportait que Jérémy était curieux de tout, qu'il avait toujours montré une soif d'apprendre, qu'il passait beaucoup de temps dans les dictionnaires et qu'il apprenait les drapeaux de tous les pays par cœur.

— Il y a des enfants qui ne sont pas intelligents parce qu'ils ont eu des problèmes. Toutes les mamans disent à leur enfant : « Tu es un génie ! »

— Et ta maman ?

— De temps en temps, parce que ça marche à l'école, mais ça ne veut pas dire que je suis le meilleur. Être un génie, pour moi, ça veut dire que j'ai juste la bonne intelligence pour mon corps, ça veut dire savoir vivre dans la vie, savoir réussir sa vie. Ça veut dire être heureux.

Réponse ramassée en trois coups de cuiller à mots. Le génie, donc, l'art d'être heureux ?

— Pour ça, il faut être proche de Dieu. Pour moi, le plus grand génie, c'est celui qui veut l'égalité.

— Pour que les gens soient égaux ?

— Oui. Que les gens soient meilleurs et intelligents par rapport à eux-mêmes, c'est le plus important. Je parle pas de compétition pour être meilleur que les autres. C'est bien de savoir expliquer les choses aux autres, mener les autres, être capable de les guider. Mais on est tous pareils.

— Comment tu vois l'avenir ?

— Je suis pas une diseuse de bonne aventure, répète-t-il. Mais je vois ça comme une belle ligne droite. Un jour, tous les gens seront à la même hauteur.

— De quoi parles-tu ?

— Du ciel.

— Penses-tu que Dieu t'ait choisi ?

— Je ne sais pas, mais il faut prendre du temps pour lui parler, pour communiquer avec lui. Moi, je prie beaucoup.

— Comment ?

— Pas comme font les gens qui disent : « S'il vous plaît, Seigneur, donnez-moi ça ou ça... Je vous en supplie, faites ça pour moi... »

— Tu ne demandes rien ?

— Si, mais je prie en remerciant le Seigneur avant même qu'il ne me donne quoi que ce soit, ou alors pour des bonnes causes. C'est bien de le remercier pour tout ce qu'il nous a déjà donné.

— Tu te sens proche de Dieu ?

— Oui. Je le tutoie. Ça ne me dérange pas qu'on le vouvoie, mais moi je le tutoie. De toute façon, lui, ça ne le dérange pas.

— Mais comment peux-tu croire à ce que tu ne vois pas ?

— Je fais confiance.

— C'est bien...

— J'ai donné ma confiance à plein de gens. Il y en a qui m'ont trahi, mais d'autres qui ont tenu leur parole et qui sont bons. Ça m'a aidé dans la vie. C'est important de croire. Il y a des gens qui ne croient pas en Dieu et qui sont heureux. Ça ne veut pas dire qu'ils sont méchants, mais si on est contre Dieu, ça veut dire qu'on est contre l'homme et donc contre soi-même. Il ne faut pas être contre Dieu. C'est pour ça que je trouve qu'il faut s'entendre avec tout le monde.

— Tu y arrives, Jérémy ?

— En général. Même s'il y a des gens qui rient de moi à cause de mon visage.

— Tu veux bien m'en parler ?

— Oui. Ça me rend un peu triste, parce que ce n'est pas respecter les autres de faire comme ça. Par exemple, il y a des gens qui rient de Céline Dion parce qu'elle travaille fort au nom de l'amour. Mais en même temps, c'est bon. Ça veut dire que tu es connu, et lorsque tu es connu, tu as le pouvoir de faire des bonnes actions.

— Tu acceptes donc qu'on se moque de toi ?

— Je laisse faire. Mon père m'a expliqué que dans la vie, il y avait bien des gens qui allaient m'en vouloir ou qui voudraient me caler, mais qu'il fallait que je continue mon chemin sans m'occuper du regard des autres. Quand on t'abaisse, il faut que tu remontes et que tu fasses des efforts pour t'en sortir. Comme ça, tu sors de la piscine.

— La piscine ?

— Du fond. Si tes actions sont bonnes, il ne faut pas te décourager. Il faut chercher à monter. Il faut accepter ce que les gens ont dans leur cœur. Il faut les accepter comme ils sont même si ça ne t'arrange pas.

— Tu veux dire même s'ils sont méchants ?

— Oui.

— Ça ne te décourage pas ?

— Il y a des jours où je suis écœuré, et là, je pense que c'est assez, mais bon, je continue et je reprends courage. Je plains les gens qui se moquent de moi.

— Pourquoi ?

— Parce que c'est comme s'ils s'appuyaient sur la tête de l'autre pour monter. Ce n'est pas comme ça qu'ils vont réussir. Il faut faire tes propres efforts pour quitter le fond. C'est comme ça que tu pourras en sortir et devenir libre. Puis après tu peux faire tes rêves. Ceux qui se moquent des autres s'empêchent de réussir leurs rêves…

— Parle-m'en un peu plus. Tu en fais souvent ?

— Je ne les compte pas. Ce n'est pas moi qui commande. Je crois que j'en ferai tout au long de ma vie. En tout cas, je ne vais pas faire des rêves et me dire un jour : « Maintenant j'arrête. » Ça non. Il faut faire des rêves toute ta vie jusqu'à ce que tu meures.

— Ça veut dire que tes rêves, c'est comme une mission ?

— Oui.

— Quel est ton plus grand rêve au fond ?

— Mon plus grand rêve, c'est de chanter. Pas juste au Québec, mais de chanter tout partout. Il n'y a pas que moi qui peux réaliser mes rêves. Tout le monde peut y arriver. Je veux que les gens sentent qu'ils sont capables de vivre leurs rêves aussi. C'est aussi pour ça que j'ai envie de chanter. Il faut savoir apprécier les cadeaux de Dieu.

— Ce serait quoi le plus beau cadeau de Dieu ?

— D'avoir une famille unie. Dieu a donné son cadeau et les gens ne profitent pas de la vie. Ils n'apprécient pas ce que Dieu leur a donné.

— Ça te rend triste, ça aussi ?

— Oui, un peu. Parce que ça veut dire qu'ils ne savent pas pourquoi ils vivent. Si tu demandes à des personnes pourquoi ils vont au travail, dix-

neuf personnes sur vingt vont te répondre :
« Bah ! Parce que tout le monde le fait. » Il y a
juste la dernière personne qui va te dire : « Parce
que j'aime mon métier. » Mais si tu n'es pas heureux dans ton travail, pourquoi est-ce que tu le
fais ? Démissionne et trouve-toi un autre travail.

— Tout le monde ne le peut pas.

— Peut-être, mais il faut être enthousiaste ! On
n'est pas là sur terre pour dormir et attendre de
mourir. De toute façon, tu vas mourir rapidement.
Cent ans, ce n'est pas grand-chose. Tu es ici sur
terre pour réaliser des choses, pour apprendre,
pour travailler pour que le monde soit bon, pour
travailler au nom de Dieu, pour travailler au nom
de l'amour. Tu ne peux pas réussir dans la vie si tu
te laisses prendre au mal. Il ne faut jamais aller où
il y a du mal, même si tu en as envie.

— Ça t'arrive ?

— Je me suis fait prendre beaucoup de fois et je
me suis laissé emprisonner. Et hop ! C'était
comme si je me retrouvais dans une cage.

— C'est-à-dire ?

— Je ne suis pas parfait. J'ai fait beaucoup de
choses mauvaises.

— Par exemple ?

— Ça m'est arrivé de ne pas vouloir être ami
avec quelqu'un.

— Pourquoi ?

— Je sentais qu'il ne pouvait pas être mon ami.

— Parce qu'il ne le voulait pas ?

— Il était assez agressif avec tout le monde. Alors, j'ai laissé tomber. Là, j'ai senti que je faisais une erreur. Je me laissais emporter par le mal. Je me suis mis à pleurer, à pleurer. Des larmes mauvaises. C'était des larmes de tristesse. Elles ne sont pas bonnes. Les larmes de joie sont bonnes. Lui, poursuit Jérémy en pointant l'index vers le plafond, le mal, là-haut, il est tout laid. Il est content quand ça arrive. Il est content qu'on fasse le mal, alors que Dieu, de l'autre côté, a de la peine pour nous. Quand tu fais du mal à quelqu'un, tu fais du mal à Jésus, mais quand la personne fait du bien à quelqu'un, elle fait du bien à Jésus.

J'ai déjà lu ça quelque part... Quand je lui fais remarquer qu'il me parle beaucoup de sa foi, il fait tout de suite le lien avec l'événement que les chrétiens, dans l'espérance, attendent.

— C'est ma vie. Je pense que le royaume de Dieu va s'approcher. Il est encore loin, là, mais un jour, tous les morts vont ressusciter et on va pouvoir vivre heureux éternellement.

— Tu vivras éternellement ?

— Bah oui ! Je sais que je vais vivre éternellement. Quand le royaume de Dieu sera là, on n'aura plus besoin de technologie. On sera capables de vivre comme on veut, comme on le sent. Moi, j'ai cru à ça tout de suite.

— Tout ce que tu viens de me dire, est-ce que tu l'as entendu à l'église ?

— Ça vient de partout : de l'église, du ciel, de l'intérieur. Il y a des choses que j'ai entendues à l'église et puis d'autres que j'ai entendues tout seul, dans mon cœur, que j'ai apprises par moi-même. C'est tout.

Jérémy est de nouveau assis sur son lit et attend patiemment. Étrange dédoublement qui le fait sortir par instants de sa coque d'enfant pour deviser avec sérieux. Tout aussi vite, il retourne à ses jeux. Je lui demande s'il préfère qu'on s'arrête là pour l'instant. Il est déjà reparti et s'anime de nouveau.

— Non. J'ai encore plein d'histoires à te raconter. Je sais que j'ai beaucoup de choses à faire dans la vie. Je n'ai pas seulement envie de réaliser mes rêves et puis de chanter. J'ai une carrière à faire.

— C'est-à-dire ?

— Je vais faire un beau chemin et je ne vais pas m'arrêter. Il y a des gens qui commencent ceci ou cela et qui s'arrêtent parce qu'ils sont fatigués. Quand tu commences quelque chose, il faut que tu le finisses.

— Eh bien justement, Jérémy, j'aimerais que tu finisses de m'expliquer tes flashs. Tu te souviens du premier ?

— Non.

L'enfant réfléchit et reprend, après avoir fouillé dans sa mémoire :

— Ça fait longtemps. J'avais 6 ans. Mon premier flash, c'était que j'irai à Disneyworld en Floride. Oui, c'est ça, mon tout tout premier flash. Ça c'est réalisé. On est allés là-bas en famille…

Je regarde l'enfant et, derrière lui, le panneau peint avec Donald, sur le mur où son lit est adossé. Je suis émerveillé du travail que Dieu accomplit dans le secret du cœur humain. De son absolue délicatesse, que je sens à l'œuvre dans l'âme de ce petit garçon. Hier, Sylvie m'a expliqué que Jérémy regardait souvent les émissions à la télévision sur Disneyworld, quand il était « jeune », et les cassettes vidéos de promotion qu'ils recevaient par la poste.

Dieu, évidente évidence, s'appuie sur la nature humaine, tous les chrétiens savent cela. Les premières images sur lesquelles Jérémy a commencé à bâtir ce qui est, je le crois, devenu un don aujourd'hui ont été celles de son quotidien.

Au départ de tout, il n'y avait que les images prosaïques de la télé, disponibles pour tous les enfants du Québec. Il rêve qu'il danse avec Mickey, que Mickey le prend par la main et qu'il mange avec lui. Le point de départ des rêves de Jérémy, serait-ce cela, une boîte à images conjuguée avec son imaginaire ?

Quoi qu'il en soit, avec le temps, cet enfant s'en est emparé. Il en a fait autre chose. J'y vois, personnellement, l'empreinte de celui qui nous a tous marqués de son sceau. Le génie, l'art d'être heureux et d'entrer en contact avec Dieu ?…

Puis Jérémy me raconte son périple à Disneyworld. Il ne lui en reste que des bribes, des sensations, des couleurs et le souvenir vivace surtout que « quelque chose était accompli ». Quand il est rentré, il sentait que tout était possible.

Steeve m'a confié qu'ils n'avaient pas beaucoup d'argent à cette époque. À la banque, ils étaient franchement dans le rouge et il devait travailler dur pour régler les traites. Mais, touchés par l'enthousiasme de leur fils, ils étaient désarmés. Sou après sou, ils ont mis suffisamment de côté pour y aller. Comme ce n'était pas suffisant, Sylvie a téléphoné à Fondation Rêves d'enfants, aidée par le docteur Hudon qui leur a fait remplir un formulaire. La demande a été acceptée et le voyage payé.

Alors que Jérémy me parle de son voyage, tout simple, je comprends que l'amour de ses parents n'est pas insignifiant dans le processus à l'œuvre dans son cœur. Jérémy, sans ses parents, ne serait pas tout à fait qui il est.

Le désir d'un gamin handicapé, des parents aimants, un parc d'attractions ; curieuse alchimie qui enclenche la mécanique et aboutit aux flashs…

— Après, conclut Jérémy, je me suis mis à avoir des visions.

Tout s'est ouvert pour lui à ce moment-là. Je sais intimement de quoi il parle. Ma puce à l'oreille est encore là. Je suis également sujet à ce type de phénomène, qui se rapproche de la visualisation mentale, à la différence près que la volonté, dans le cas des flashs, n'entre pas en jeu.

Souvent pour moi, au départ d'un projet, il y a cela. Ce n'est pas suffisant, mais c'est presque une condition avant que je ne m'engage sereinement dans une voie et, en ce cas, je ne me rétracte pas. C'est notre premier entretien avec Jérémy. Profondément, je me sens sur la même longueur d'ondes que lui. Je lui demande de m'en dire davantage.

— Par exemple, je rêvais de rencontrer Céline Dion. J'avais des images que je visualisais, mais il en manquait une au milieu. Je ne sais pas comment expliquer ça. C'est comme un « casse-tête ». Tu as une hypothèse plus une hypothèse, mais il te manque quelque chose pour avoir la solution, comme lorsque tu veux emboîter plusieurs formes qui ne peuvent pas fonctionner ensemble.

Je repense à l'épisode que m'ont raconté Steeve et Sylvie lorsque, autrefois, Jérémy emboîtait les formes de son jeu d'enfant.

— J'avais deux images de Céline. Une de sa loge et une d'elle, mais il en manquait une pour que mon rêve se réalise.

Je lui demande laquelle.

— Moi, me répond-il. J'ai essayé de mettre plusieurs photos de moi à la place de ce trou, mais ça ne marchait toujours pas, ce n'était pas assez clair, jusqu'au moment où j'ai trouvé la bonne photo. Et là je me suis vu au milieu, avec Céline. C'était comme si toute mon équation était en place. Je savais que c'était ça, mon rêve, et j'ai eu le flash. Quand mon rêve est en place, c'est comme s'il existait déjà…

Je m'intéressais à Jérémy par ouï-dire. Depuis que j'ai passé du temps avec lui et qu'il s'est confié à moi, je me sens des affinités avec lui. Il m'intéresse en tant que personne. Ce petit bonhomme a un petit quelque chose à l'intérieur qui fait toute sa singularité, sa richesse, un supplément d'âme.

Il vibre.

Je ne suis pas spécialement amateur de grandes effusions. Pourtant, laissons de côté, un instant, les fausses pudeurs. J'ai envie de l'embrasser. Ce gosse est si craquant, si mignon. Il est d'une douceur si étonnante, si communicative. Son sourire me va droit au cœur. Je lui ouvre les bras.

Il s'y jette et grimpe sur mes genoux. Il est léger comme une plume. On se sent tellement bien en présence de Jérémy. Quelque chose apaise en lui. Il est rassurant. Je ne ressens plus le décalage horaire. Le poids des soucis tombe, comme s'il avait le pouvoir de décharger mes épaules fatiguées de leur fardeau.

Avec le recul, au moment où j'écris ce livre, j'essaie de comprendre ce qui se passe. Une des raisons tient sûrement à ce qu'il n'y a en lui aucune trace de méchanceté. C'est peut-être un des aspects de sa personnalité qui me touche le plus. Serait-ce cela qu'on appelle la pureté ?

Avant de commencer notre dialogue, il fallait qu'il me fasse confiance. Je me rends compte que, moi aussi, je n'étais pas exempt de cela. Je devais également lui faire confiance, tout adulte que je suis, car les choses n'allaient pas de soi. En attendant, qu'elles sont loin, toutes les interrogations que j'avais dans l'avion !

Cet apaisement que je ressens ne se commande pas. Ça ne s'explique pas, ça se reçoit, ça se vit.

Pourquoi ne pas le dire ? Je goûte, en compagnie de Jérémy, un moment d'éternité.

J'ai pas mal d'années de plus que lui au compteur et je mesure que, pour vivre pleinement de ces vérités simples sur la vie qu'il me déballe avec le plus grand naturel, il a fallu que j'attende l'âge d'homme...

Je ne suis pas au bout de mes surprises.

10.

Mélodie secrète

U n an après avoir découvert que Jérémy était atteint d'une déficience immunitaire, pendant l'été 2002, sa mère lui a demandé ce qu'il voudrait faire dans la vie. L'enfant lui a répondu sans hésiter.

Jérémy, au-dessus de son lit, a accroché un petit papier : « Je veux être chanteur vedette. »

Rêve utopique, un peu fou. Comment chanter alors qu'il est sourd ? Lui y croit. Sa mère aussi.

Louise Miller est audiologiste. Elle a rencontré Jérémy et sa famille il y a peu pour évaluer sa candidature à la pose d'un nouveau type d'implant par ancrage osseux qui pourrait améliorer son audition. Il est admis au programme.

Lorsqu'on a une audition normale, on entend des sons de 0 à 10 décibels, à toutes les fréquences. La conversation normale, elle, se situe autour de 50 à 60 décibels. Jérémy ne commence à entendre les sons qu'à partir d'environ 50 décibels en moyenne. Et encore, à sa meilleure oreille. S'il présente une perte auditive sévère à l'oreille gauche, des examens poussés sont moins enthousiastes que ce que laissaient croire les premiers : elle très sévère à l'oreille droite. Il a porté des prothèses auditives conventionnelles à partir d'un très jeune âge mais ces dernières ne lui donnaient pas tout le gain requis car elles étaient très difficiles à ajuster à cause des malformations des pavillons de Jérémy.

Sans appareil, il ne peut entendre que très peu de sons. Il faut qu'il soit près de la personne qui parle, que ce soit tranquille autour de lui et qu'il regarde également les lèvres de l'interlocuteur. Il n'entend pas une voix faible et s'il a quand même pu développer beaucoup de langage, c'est sans doute grâce à une attention constante et à l'implication de son entourage. Les médecins ont tenté d'ouvrir les conduits auditifs à quelques reprises. Malheureusement, ces derniers se referment après peu de temps, son audition retournant à son point de départ.

Jérémy a progressé rapidement à l'école oraliste. Il s'intéresse par-dessus tout aux cours de chant. On y enseigne la flûte. Il adore ça. On le trouve, de l'avis des professeurs, particulièrement doué. L'école, c'est « son bonheur », dit-il quand il l'évoque aujourd'hui. On devine pourquoi. Elle l'a ouvert au monde et à la parole.

Jérémy est depuis trois ans à l'école oraliste des enfants sourds. Il a 6 ans quand il chante devant son professeur de maternelle, Émilie Langlois. Elle est encourageante :

— Tu chantes bien, Jérémy. J'aimerais que tu chantes pour le spectacle de fin d'année. Tu voudrais ?

— OK.

Ni plus, ni moins. Et le jour J arrive. Jérémy est préappareillé. Le docteur Lessard a inséré une fixation pour ancrer solidement la future prothèse dans l'os.

Il s'apprête à chanter pour la première fois devant un public la chanson qu'il a préparée.

Dans la salle de classe, tous les enfants sont assis par terre. C'est un temps fort de l'année. Les parents ont été conviés. Ils suivent avec intérêt les progrès de leurs enfants. Pour beaucoup d'entre eux, c'est leur première prestation en public. Ils ont mis un soin tout particulier pour que leurs parents soient fiers. Plusieurs sont déjà passés. Certains ont chanté, d'autres ont récité un poème.

Jérémy monte sur l'estrade. Il est calme. Il se lance et entonne les premières notes, un peu nasillardes, sous le regard ému de Sylvie. Il s'entend, mais il n'a pas vraiment idée de la façon dont son chant est perçu par le public qui l'écoute.

— Tu te souviens de ce moment, Jérémy ?

C'est notre second entretien. Aujourd'hui, nous sommes dans le bureau de ses parents.

— Oh oui ! Il y avait beaucoup d'émotion dans la classe. J'avais un peu peur, mais pas trop.

— Quel chant avais-tu choisi ?

— « La petite poupoune ». Ça c'est très bien passé. Tout le monde a applaudi. Je ne les entendais pas bien. C'était juste un bruit un peu sourd. Quand j'ai fini, je savais que je voulais devenir chanteur.

— Comme ça ? Un flash ?

— Ce n'était pas vraiment un flash. C'était évident.

— Qu'est-ce que ça signifie pour toi de chanter ?

— Pour moi, c'est une manière de s'exprimer. Ça veut dire tendre la main, rejoins-moi et on y va.

— Est-ce que tu veux dire qu'on ne chante pas pour soi ?

— Bah non. On ne chante pas seulement pour se faire plaisir. Ça me fait plaisir, mais on chante aussi pour les autres.

Et de poursuivre : « on y va tous en chœur », à moins que ce ne soit « tous en cœur » ? Chanter, serait-ce vibrer à l'unisson d'une communauté ? Il me confirme.

— Pour moi, quand on chante, on est tous en harmonie. Le chant, c'est l'harmonie. Chanter, c'est le secret de l'homme.

— Le secret de l'homme ?

— Je ne sais pas... Ça me vient comme ça. Chanter, c'est ce qu'il y a de plus beau dans la vie. Ce que l'homme fait le plus souvent, dans la vie de tous les jours, c'est de parler. Chacun a une mélodie à l'intérieur. C'est ça le secret. C'est comme une signature. Au début de la planète, les singes, qui étaient à moitié des hommes, chantaient beaucoup. Ils faisaient des parades et ils poussaient des cris pour s'exprimer.

— Ce que tu décris, Jérémy, ce n'est pas le chant. Ce sont des cris.

— Oui, mais ce que je veux dire, c'est que les cris se sont améliorés, c'est devenu la parole et puis, petit à petit, le chant.

Le chant serait-il, au fond, l'aboutissement d'un long processus dans l'évolution de l'être humain pour Jérémy, à tout le moins l'expression la plus riche du langage ? Je ne sais ce qu'en diraient les anthropologues ou les musicologues, mais la défi-nition me séduit : le chant, la mélodie secrète de l'homme, une des marques qui le distinguerait dans le monde du vivant. Dubitatif, je laisse la question en suspens. On ne dialogue pas forcé-ment pour être entendu immédiatement. Chacun prendra dans les mots enfantins de Jérémy ce qu'il voudra pour prolonger la réflexion ou, pourquoi pas, laisser son esprit dériver.

— Le chant, pour toi, c'est la meilleure façon de s'exprimer ?

— Oui.

— Il y a plein de chants différents. Qu'est-ce que tu as envie de chanter ?

— Oh ! Un peu de tout. Des chansons de variétés, des cantiques. De tout. Pour l'instant, je chante des chansons qui existent, mais dans quelques temps je vais me mettre à écrire mes propres chansons.

Il a 10 ans. Au même âge, j'étais assis à mon bureau et je voulais écrire une petite nouvelle. Je me suis arrêté net. Je me souviens que je pensais qu'écrire, c'était trop dangereux.

— Sur quoi ?

— J'aurai toutes sortes de thèmes parce que les peuples ont tous des chants différents. Le chant, c'est comme une façon de se présenter pour les peuples, c'est comme si chaque continent avait une couleur particulière.

Comme il le fait souvent, Jérémy se lève sans prévenir. L'ordinateur est allumé. Il démarre un logiciel et joue à faire tourner la planète avec le curseur.

— Moi, j'ai envie de chanter partout dans le monde pour faire aimer le bon Dieu.

Depuis longtemps, Jérémy est passionné par les cartes géographiques et les consulte comme des livres d'images. Nous traversons l'immensité marine et naviguons d'un continent à l'autre, comme si nous avions chaussé nos bottes de sept lieues.

— J'ai envie de chanter partout, reprend-il, mais surtout dans les pays pauvres parce que c'est là que les gens ont le plus besoin d'amour.

Quand il m'a parlé de son génie, je me suis demandé s'il n'avait pas la grosse tête. En même temps, il a 10 ans. Il peut bien prendre un mot pour un autre. Ce que je retiens, c'est qu'il s'invente un monde. Je n'ignore pas que, parfois, on appelle Jérémy « le petit prophète », ce qui l'agace et, pour tout dire, moi aussi. Comme nous avons la terre en main, je lui demande s'il est dessus pour combattre le mal par le chant.

— Je suis pas là pour ça, me répond-il comme s'il avait compris le sous-entendu. Je ne suis pas la lumière. Je ne suis pas Jésus. Ça, c'est son travail à lui ! Je suis là pour vivre et pour que les gens reprennent confiance. Je ne vais pas sauver la planète ! s'amuse-t-il avec une voix contrefaite et des gestes amples. Je me prends pas pour un super-héros, avec des superpouvoirs. Si je veux être chanteur vedette, c'est pour pouvoir porter mon message partout sur la planète.

— Et à qui s'adresse ton message ?

— À tout le monde. Aux gens qui n'ont plus confiance, à ceux qui n'ont plus le goût de réaliser des choses parce qu'ils sont découragés ou qu'ils ont peur. Le mot « impossible » n'existe plus. Même à 75 ans on peut réaliser ses rêves.

— Penses-tu qu'il s'adresse spécialement aussi aux enfants handicapés et à leur famille ?

— Je ne sais pas… Mais quand une famille a un enfant handicapé, il faut qu'elle l'encourage.

Non pas chanteur, non pas vedette, mais chanteur vedette. Je comprends maintenant pourquoi. Superhéros, non. Modèle de courage, oui. Super-pouvoirs, non. Mais une capacité à entrer en contact avec le surnaturel, oui. Dans le fil de la conversation, Jérémy vient de me rapporter un rêve étonnant. Le soir, alors que les enfants sont couchés, j'en parle avec Steeve, qui me confie à son tour une histoire, tout aussi étonnante.

Il me faut vous la raconter. On comprendra mieux pourquoi précédemment, dans ce livre, il était question de Steeve comme de son « père de cœur », mais aussi comment Jérémy progresse dans l'acquisition de ses dons.

11.

L'ami imaginaire

Ainsi que beaucoup d'enfants, Jérémy a un ami imaginaire qui l'accompagne dans la vie et lui tient compagnie. Il a 4 ans lorsqu'une nuit se produit un événement singulier. Il dort et rêve d'une ombre qui glisse sur le mur de sa chambre et recouvre le panneau où il affiche ses pokémons. Il a l'impression qu'elle court entre les figurines. Pourtant, ses jambes ne bougent pas, un peu comme les personnages de dessins animés qui, eux, font du surplace alors qu'elles moulinent dans le vide. L'ombre se meut sur un sol absent, suspendue au-dessus de la terre. Jérémy la regarde, immobile. Il visualise une scène.

Les pokémons disparaissent. Tout d'abord, un nom s'affiche clairement : « Roland ».

Il n'y a plus qu'un petit garçon blond dans le cadre. Roland joue à faire le cheval. Il est jeune. Il doit avoir environ 4 ans lui aussi. Il mime le galop en compagnie d'un autre garçon de son âge. Les deux enfants se poursuivent et se dirigent à toute allure en direction d'un lavoir. L'eau bouillonne en surface. Une fumée blanche y plane, comme le léger brouillard matinal dans une plaine.

Roland se rapproche du lavoir et, à sa hauteur, tombe dans une eau bouillante et sulfureuse.

Jérémy se réveille. L'image est encore là, mais elle se fige et s'imprime en lui.

Le matin, il conte tranquillement son rêve à ses parents qui font une drôle de tête. Ils se regardent, abasourdis. Les œufs et les pancakes ne passent plus. C'est le silence complet.

Steeve prend la parole :

— Quand il nous a raconté son rêve, on était assis à la même place.

— Et alors ? Qu'est-ce que tu en penses ?

Nous sommes encore à table, essayant de nous remettre des talents culinaires de Sylvie, une fondue typique à base de viande de bison et de fromage fondu dans un bouillon aromatisé. Dehors, il fait nuit noire. Sylvie va et vient entre la salle à manger et la cuisine. La semaine a été bien chargée en entretiens et en interviews. Des heures et des heures d'enregistrement. Nous faisons une pause. Ce soir, nous avons prévu de faire une partie de Scrabble pour nous détendre.

— Si le petit ne t'en avait pas parlé, je n'y aurais pas pensé moi-même. Le Roland en question, c'est le frère de mon père.

— Jérémy le connaît ?

— Non. Il ne l'a jamais vu.

— Et pour cause, intervient Sylvie. Il est mort.

— Ça fait longtemps, reprend Steeve. À l'âge de 4 ans, il est tombé dans une sorte de grande marmite d'eau bouillante avec un produit acide et caustique pour nettoyer le linge. Le pauvre garçon a souffert le martyre treize jours et treize nuits avant de mourir.

— Tu l'as connu ?

— Non. Ma grand-mère ne m'en avait jamais parlé. Attends un instant. Tu vas voir.

Steeve se lève. Il fouille dans un placard et rapporte une vieille photo en noir et blanc. Dessus, deux jeunes garçons pieds nus, d'à peu près le même âge, sont devant une barrière en bois qui ceinture un enclos à côté d'un hangar. En arrière-plan, la campagne ondulée de collines s'étend à perte de vue. Roland porte une salopette en jean. Il est un peu plus petit que l'autre garçon, il a un bavoir, une coupe de travers et un ventre qui dépasse d'un maillot de corps un peu sale.

— Regarde, me dit-il en me la tendant.

— Jérémy vous a fait une description plus précise du garçon de son rêve à l'époque ?

— Oui. Ce qui nous a troublés, c'est qu'elle était assez proche de la photo.

— Vous lui aviez montrée ?

— Jamais. Mon oncle Ernest a offert cette photo à Jérémy quand nous avons raconté l'événement à la famille. Quand on lui a mis sous les yeux, il a dit : « C'est lui. C'est le garçon de mon rêve. »

— Étonnant.

— Il y a une chose plus étrange, poursuit Steeve. Il y a une trentaine d'années de ça, je devais avoir l'âge de Jérémy, j'étais dans ma chambre. Je ne peux pas te dire avec certitude, mais il me semble que j'étais assis dans mon lit. J'ai vu moi aussi Roland, celui qui correspond à la photo. Je l'ai vu adulte, avec une barbe. Il ressemblait à la fois à mon père et à son frère. J'aurais de la peine à te définir ça, mais c'était comme s'il avait les mêmes traits en plus vieux. Contrairement à Jérémy, Roland m'a parlé. Je me souviens de ses mots : « Je suis le frère de ton père. Tu ne me connais pas. Voici ce qui est arrivé... » Et là, il m'a raconté son histoire. La course-poursuite avec l'autre garçon, sa chute dans l'eau bouillante, son agonie lente et particulièrement horrible.

— Mais tu étais éveillé ?

— Pour autant que je me rappelle, j'étais assis. C'est vieux tu sais, mais je ne crois pas que c'était un rêve... J'étais plutôt dans un état entre les deux, où on ne distingue plus tout à fait dans quel niveau de réalité on est. Ce dont je me souviens, c'est que la personne était dans le coin de la chambre. Je n'étais pas du tout effrayé. Au contraire, j'étais paisible. Il faisait noir dans la chambre. Mais lui je le voyais très bien, comme s'il était dans une sorte de halo, comme s'il était éclairé en lui-même.

Étant croyant, je ne suis pas déstabilisé par ce genre de phénomène. Si Dieu a créé le monde et tout ce qui s'y trouve, il a bien le pouvoir de faire faire aux morts une petite incursion dans le monde des vivants. Étant réaliste cependant, si j'en prends, j'en laisse aussi beaucoup. Mais Steeve n'a pas fini :

— Ma grand-mère vivait chez nous pendant l'été. Le lendemain matin, je suis allé la trouver. Ma mère était au fourneau pour préparer le repas. Je lui ai demandé directement : « Eh ! grand-mère, t'as eu un fils qui s'appelait Roland ? » Elle m'a regardé comme on devait le faire quand Jérémy nous a raconté son rêve. « Il est mort ébouillanté ? » Ma grand-mère était figée. L'émotion était trop forte. Elle a filé rapidement dans sa chambre en pleurant. Alors ma mère m'a pris par les épaules et m'a demandé qui m'avait parlé de cette histoire. Je lui ai répondu : « C'est lui. Il est venu me voir cette nuit. »

Pour autant que je puisse en juger après avoir passé plusieurs jours en sa compagnie, Steeve est un homme équilibré, pas très porté sur les élucubrations mystiques ou les digressions spirituelles. Lui, c'est plutôt la foi du charbonnier. Par tempérament, il parle peu.

On peut le croire, ou pas. Je lui fais confiance. Je le crois. Quoi qu'il en soit, ce qu'avait vu Steeve dans son enfance correspondait, à trente ans d'écart et point par point, avec l'histoire de Jérémy. Sylvie précise :

— Un jour que Steeve travaillait, Jérémy avait 4 ans et il s'amusait à jouer avec un drapeau. Il le faisait voler en riant et en appelant : « Eh !

Roland ! » Surprise, je lui ai demandé ce qu'il disait et il m'a répondu : « Je dis "Roland", je m'amuse avec lui. » Il m'a expliqué que Roland était le frère de son grand-père, mort ébouillanté. Puis il s'est mis à me jouer une sorte de pièce de théâtre en me racontant la même histoire que Steeve sur le martyre de son oncle Roland. L'ami imaginaire de Jérémy venait souvent à la maison. Nous devions lui servir un repas et je devais aller lui ouvrir la porte car Jérémy me disait qu'il cognait à la porte avec son ami Jésus et Roly.

Nous rions.

Jérémy a essayé de « forcer la vision » des années après. Il n'a jamais revu Roland. Le petit garçon a disparu, mais le don, en germes, est resté. Il a visualisé d'autres personnes dans ses rêves. Il a maintenant « plein d'amis imaginaires »...

Depuis le flash initial de Disneyworld, un glissement s'est opéré. Le premier s'appuyait sur l'imagination à partir d'images prosaïques. Maintenant, elles commencent à lui venir d'« ailleurs », comme si, peu à peu, se greffait sur cette nature réceptive quelque chose d'autre qui le dépasse. Comme s'il était « habité » ? Après, étonnamment aussi, il a senti tourner autour de lui dans son sommeil, parfois, ce qu'il appelle des « esprits mauvais ». Pour lui, c'était « un jeu d'enfant » que de les chasser...

Grâce à l'apparition de Roland, une barrière est tombée dans le quartier. Jérémy s'est aussi mis à se faire beaucoup d'amis à l'école. Souvent, il les emmène à l'écart, les réunit et les invite à prier avec lui. Il leur explique que Dieu est là. Certains se détournent et ne veulent rien savoir, d'autres s'intéressent à ses propos et font le tour de l'église. Jérémy leur parle de confiance en Dieu.

Enfin, quand Jérémy a raconté de but en blanc cette histoire à ses parents, il n'y a pas eu entre Steeve et lui de bouleversement. Il n'y a pas eu d'avant ou d'après dans leur relation, mais je parlais plus haut de la délicatesse de Dieu et, sur le plan familial, le plus beau est certainement ce qui suit.

Je ne peux m'empêcher de voir dans cette anecdote une sorte de lien surnaturel, établi entre le père de cœur et le fils d'adoption. Comme un cadeau de l'« au-delà » qui témoigne de ce qu'ils vivent tous les deux depuis la naissance de Jérémy : un amour réciproque, filial et paternel…

12.

L'isolement brisé

Une chose est d'avoir des flashs et de faire des rêves, une autre qu'ils se réalisent. 2003 est une année faste. Jérémy a presque 7 ans. La première condition nécessaire à la réalisation du rêve de Jérémy de devenir chanteur vedette est la mise en place du processeur de l'implant osseux de type « Baha » pour pallier sa surdité. C'est ce que s'apprête à faire Louise Miller, audiologiste, au terme de la septième opération chirurgicale de Jérémy. C'est grâce aux « Shrinners » que l'opération a pu se faire et que Jérémy a bénéficié d'un implant Baha.

Louise Miller tient une petite boîte grosse comme le pouce, qui fonctionne selon le principe de la conduction des sons par voie osseuse, l'oreille interne de Jérémy étant intacte. Jérémy est devant elle, assis sur une chaise d'enfant. Il attend, fébrile. Ses parents suivent avec anxiété les gestes de l'audiologiste qui manipule l'objet de couleur chair.
Derrière son oreille est fixé à la boîte crânienne un implant en titane, comme un bouton-pression,

pour transmettre le son jusqu'à l'oreille interne par vibrations. L'insertion d'une vis et d'un pilier en titane est l'œuvre du docteur Lucie Lessard, chirurgienne ORL et maxillo-plasticienne. Si tout se passe bien, à la pose, les signaux y frapperont sans emprunter le canal auditif. Jérémy pourra en régler le volume. Et si ça ne marchait pas ?

« Est-ce que ça va fonctionner ? Va-t-il réellement entendre mieux ? » Louise Miller partage le doute des parents. Elle a beau exercer depuis trente ans dans le domaine, c'est toujours un moment intense, parce que les réactions varient d'un enfant à l'autre, parce qu'il est toujours poignant de rendre à un enfant ce que la nature ne lui a pas donné. Elle parle très fort à l'oreille de Jérémy :

— Es-tu prêt, Jérémy ?

L'enfant est frêle devant elle. Il la regarde en tremblant. Il ne sait pas ce qui l'attend. C'est un grand saut dans l'inconnu.

— Je suis très nerveux aujourd'hui, j'ai un peu peur…

Les doigts de ses parents sont blancs. Ils se serrent fort la main. Il y a si longtemps qu'ils rêvent de cet instant. Louise Miller coupe le volume du processeur et ausculte le crâne de Jérémy. Tout est bien cicatrisé. L'enfant n'éprouve aucune douleur à la palpation des contours du « bouton-pression ». L'audiologiste procède à la mise en place du processeur sur le pilier. Jérémy est appareillé.

Elle tourne la molette du volume…

Il entend.

Son univers s'élargit dans des proportions qu'il ne connaissait pas. C'est trop d'émotion pour ce petit enfant. Il se met à pleurer. Il est effrayé.

— J'entends trop !

— Là, doucement, la rassure l'audiologiste. Tout va bien, Jérémy. Tu vas t'habituer, c'est nouveau.

Sylvie fond aussi. Mme Miller demande à Steeve d'aller faire le tour de la salle d'attente et des environs avec son fils. Elle lui donne une mission.

— Vous allez me rapporter tous les sons nouveaux qu'il entendra, d'accord ?

Alors que l'audiologiste commence à répondre aux nombreuses questions de Sylvie, la porte se referme sur Steeve et Jérémy.

L'enfant regarde les objets qui meublent la salle d'attente. Il y associe des sons. L'implant fonctionne à merveille. Tantôt il est attiré par le bruit de ses pas sur le lino, tantôt par le tic-tac de l'horloge qui suit le rythme de la trotteuse. La voix de son papa aussi.

— Ça marche, tu entends bien ?

L'enfant hoche la tête. Sur son visage, de la reconnaissance. Il n'a pas assez d'yeux pour suivre les points d'où partent les sons nouveaux que lui apporte l'implant. Il se tourne vers un aquarium où nagent des poissons tropicaux. Les bulles crèvent la surface. Il entend même les glouglous du système de purification de l'aquarium.

— Je crois qu'il y a un bébé qui pleure pas loin, fait-il remarquer à son père.

Effectivement. Dans une salle d'examen attenante, un pédiatre ausculte un nourrisson qui ne crie pourtant pas fort.

Le père et le fils reviennent dans le cabinet du médecin.
— Jérémy ?
— Oui.
Pour la première fois de sa vie, il répond à son prénom au quart de tour.
— J'entends ma voix différemment.
Il parle aussi beaucoup moins fort qu'avant. L'intensité de sa voix est normale. Il gratte la chaise et le bord du bureau avec ses ongles, le son l'amuse. Il l'enregistre et le range dans sa nouvelle collection. Il n'a qu'une envie, l'enrichir.
Après trois quarts d'heure, il n'est pas question d'enlever le Baha. Sylvie a confié le rêve fou de Jérémy à Louise Miller. Aussi, quand elle clôt l'entretien :
— Il faudra beaucoup de travail et de persévérance de ta part, Jérémy, pour que tes rêves se réalisent.
En attendant, la première étape est franchie. En juillet 2003, le miracle médical a eu lieu. Enfin, l'isolement de Jérémy est brisé. Il va pouvoir entendre le chant des oiseaux.

Pourra-t-il aussi, comme il le souhaite, délivrer au monde son message d'amour ? Pour le faire pleinement, il reste encore un mur à briser...

13.

Le secret de Jérémy

Pendant longtemps, Sylvie a supporté la douleur d'avoir mis au monde un fils handicapé en la refoulant. Une défense précaire, certes, mais qui lui a garanti sa survie. Cependant, la vie réclame en permanence l'adaptation et ce qui était bon hier ne l'est pas forcément aujourd'hui.

Elle aurait pu enterrer la honte d'avoir été pour son fils une ennemie durant les premiers mois de sa vie. C'était chose aisée. Il n'y avait qu'à s'en tenir au côté merveilleux de l'histoire de Jérémy, celui qu'on connaît par les nombreux reportages qui ont été tournés sur eux. Pourtant, en famille, ils ont choisi d'aller plus loin, de creuser plus profond. Ils voulaient, comme moi, moins de superficialité, même s'il est plaisant d'y glisser.

Il fallait un courage certain pour avouer sa part d'ombre dans un livre.

Car les questions que j'ai posées à Sylvie n'étaient pas toujours faciles à avaler. Je ne me cacherai pas derrière ma barbe ou bien l'adage : il n'y a pas que les réponses qui sont indiscrètes. Je l'ai été. Peut-être m'en a-t-elle d'ailleurs voulu, au moins durant le temps de l'entretien ? Nos entre-vues, c'est aussi « difficile qu'un accouchement », m'a-t-elle avoué à plusieurs reprises. « Tu me pousses dans mes retranchements, tu m'obliges à aller loin. »

Oui.

Mais il faut croire que les réponses qu'elle m'a offertes – et je parle bien d'offrande – correspon-daient à quelque chose de vrai. Les Gabriel-Lavoie ont eu les cartes en main et, sur le projet, le dernier mot. Le temps de réflexion pris par l'élaboration du livre n'a pourtant strictement rien changé à leur détermination.

Certains de nos échanges resteront dans le secret du cœur et ne concernent qu'eux. Il ne s'agissait pas de *tout dire* – chacun a le droit et même le devoir de préserver son jardin secret –, mais de *dire tout* ce qui est utile à la compréhen-sion du cheminement de Jérémy. Son chemine-ment intérieur et spirituel, son parcours qui, je le crois, en découle : tout ce que vous voulez être, vous pouvez l'être ; tout ce que vous voulez avoir, vous pouvez l'avoir.

Je sais. C'est dur à avaler.

Et pourtant...

Jérémy nous montre qu'il est possible de dépas-ser les difficultés de tous ordres. Il est bien placé pour rendre la vie heureuse, ici et maintenant, mal-gré tout. Car Jérémy, dans le message qu'il veut livrer, ne pense pas qu'à l'au-delà. Il pense à la vie des hommes et des femmes sur la terre.

Mais au fait, et Jérémy dans tout cela ? Il lirait le livre. Il saurait les sentiments peu glorieux, ceux que l'on cache. La nature humaine, ne l'apprendrait-il pas trop tôt ? Ne serait-il pas choqué par certains passages ?

Jérémy n'apprendra rien à la lecture du livre, car il sait déjà tout ce sur quoi nous n'avons fait que mettre des mots.

Ce témoignage sera sûrement utile aux parents qui traversent une épreuve similaire...

Jérémy et moi nous nous promenons sur le chemin qui, à proximité de la maison, s'enfuit dans les bois. Pas de traces sur cette langue immaculée. Hier, c'était tempête de neige. Et ici, tempête, ça veut dire tempête. Sylvie m'a donné le feu vert pour aborder le sujet avec son fils. Aussi, quand je lui fais part d'un entretien difficile sur le plan émotionnel avec sa maman, il n'est pas étonné :

— Je sais.

— ...

— Ma mère me l'a dit.

— Et alors ?

— Ça me choque pas.

La neige crisse sous nos pas. Par moments, Jérémy s'enfonce jusqu'au milieu des tibias et manque de tomber, mais il réussit à rétablir l'équilibre.

— Tu sais que ta maman, au départ, n'a pas accepté ton handicap ?

— Oui.

— Comment tu as réagi quand tu as su ça ?

— Je lui ai pardonné tout de suite.

— Aussi facilement que ça ?

— Je savais qu'elle avait beaucoup de peine. Je l'ai souvent entendue dire qu'elle était triste pour moi. J'ai toujours su que ça allait arriver un jour, que j'aurais des ennemis.

— Oui, mais là, on parle de ta maman…

— Des fois, la mère, c'est le premier ennemi de l'enfant.

— C'est une idée qui te vient spontanément ou bien ce sont les mots de ta mère ?

— Non. Ça, ce n'est pas de moi. C'est elle qui m'a dit ce qu'elle ressentait. Elle a eu du mal à m'expliquer. Mais ma mère m'a toujours aidé.

— Et que ressens-tu, toi, en repensant à tout cela ?

— Je n'ai pas chialé. Je n'ai pas été blessé du tout. Je ne sais pas vraiment comment expliquer, mais j'ai tout de suite compris pourquoi elle avait eu de la peine. Puis, elle m'a dit qu'elle avait jamais voulu penser ça. Tu sais, c'est normal qu'une femme qui a un enfant handicapé soit comme ça au début. Ce n'est pas de sa faute. Mais si elle continue à être son ennemie, ça ce n'est pas bien. Ça, ça ne serait pas respectueux pour l'enfant. L'enfant est comme ça, il faut le respecter comme ça, et puis tu vas l'aider à faire ce qu'il veut. Mes parents ont eu beaucoup de problèmes sur le dos à cause de moi. Maman a eu beaucoup de réflexions des autres sur mon apparence.

— C'est-à-dire ?

— Des réflexions mauvaises. « Ton enfant est comme ci, comme ça. » « Il ne pourra pas faire ceci ou cela. » Mais maman croyait qu'elle allait foncer avec moi, qu'elle allait me tenir la main et puis foncer sur la barrière, détruire la barrière.

Nos pas continuent de faire crisser la neige fraîche au-dessus de la couche durcie par les passages nombreux des motoneiges. Je reprends :

— Aujourd'hui, c'est ce que vous faites...

— Bah oui. On est les meilleurs amis du monde.

Comme cet enfant est beau en cet instant. Rien à voir avec l'éclat du soleil sur les cristaux étoilés dans ce qui m'éblouit et me ravit. C'est autre chose. D'où vient que Jérémy ait autant de vie en lui ? Est-ce parce que l'offense glisse sur lui qu'il dégage, malgré une apparence fluette, autant de force ? Jérémy pardonne comme d'autres prennent leur café le matin. Il me racontait hier en riant qu'il n'avait plus besoin d'avaler de caféine. Comme Obélix, il est « tombé dedans quand il était petit » depuis son séjour aux urgences prénatales.

Comme j'aimerais que nous ayons tous cette capacité qui semble si naturelle à Jérémy, celle qui seule peut rendre libre et aiderait le monde à tourner rond : le pardon.

Jérémy vient d'employer le mot « barrière ». D'où lui vient qu'il est, comment dire, plus grand que lui-même ? Peut-être est-ce parce que Jérémy a en lui cette force du pardon qu'il a si peu d'inhibition ? Comme s'il sentait d'instinct, tel le sourcier avec sa baguette l'eau, où se trouve l'amour.

Voilà qui vaut tous les manuels à secrets pour obtenir tout ce que l'on veut dans la vie.

14.

Rêver sa vie ou vivre ses rêves ?

L e hockey sur glace est à l'Amérique du Nord ce que le football est à l'Europe et, cette année, l'engouement est à son summum pour le retour de la saison. J'ai essayé de suivre un soir à la télé un match avec Steeve autour d'une bonne bière. Pour tout avouer, je n'ai pas réussi une seule fois à suivre le palet, ce qu'on appelle ici la « rondelle ». Et pas à cause de la bière.

22 octobre 2005. Il est 22 heures. La foule est survoltée ce soir au Centre Bell de Montréal, immense palais omnisports comparable à celui de Bercy à Paris. 21 273 spectateurs, exactement, ont suivi le match opposant les Islanders de New York aux Canadiens de Montréal. La salle est en délire, car l'équipe canadienne a gagné par quatre buts à trois.

Pourtant, dans les médias, et peut-être aussi dans certains cœurs, c'est un autre événement qui a retenu l'attention.

Deux heures plus tôt. Alors que les sifflets montent des gradins jusqu'en haut du chapiteau, Jérémy est avec sa famille dans le ventre du Centre Bell. Ils sont arrivés tous les quatre – Alycia est gardée par sa mamie – ce matin. Jérémy attend qu'on vienne le chercher pour l'emmener au milieu de cette masse compacte qui hurle dans les gradins.

Saku Koivu – prononcer Ko-ï-vou –, le capitaine de l'équipe de Montréal, lui a fait l'amitié d'une visite avant d'être harnaché de son équipement. Il ne l'avait jamais vu. Un immense cadeau pour Jérémy qui admire ce joueur venu de Finlande plus qu'aucun autre. Comme il ne parle pas le français, c'est M. Ray Lalonde qui traduit, la personne grâce à qui Jérémy a pu chanter au Centre Bell. Sylvie lui explique que Jérémy vient de vivre une grosse opération, celle de sa reconstruction de l'oreille. Le docteur Séliba de l'hôpital Sainte-Justine a agrandi son conduit auditif et construit un pavillon, un tympan et lui a inséré un tube transtympanique. Elle lui explique aussi que le 19 août prochain il subira une autre opération périlleuse : le fait de chanter lui donnera du courage pour surmonter sa prochaine opération.

— Qu'est-ce que je peux faire pour toi ? demande Saku.

Jérémy n'a pas 9 ans. Après avoir réfléchi, il lui a demandé avec candeur une faveur :

— J'aimerais que tu marques un but pour moi ce soir. Tu pourrais le faire ?

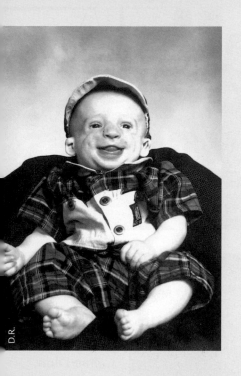

✪ Jérémy au milieu de ses parents et petites sœurs,
Gaëlle et Alycia.

❂ Au Centre Bell avec José Théodore, le gardien de but du Canadien de Montréal.

D.R.

❂ « Pour Jérémy, je suis avec toi, je t'aime » Céline Dion.

© Prod Feeling

❂ En décembre 2005, à une levée de fonds pour Opération Enfant Soleil et la fondation Sourdine, au Cirque de Québec, avec l'audiologiste Louise Miller.

D.R.

❂ Sa rencontre avec Benoît XVI.

© Fotographia felici

© Fotographia felici

© Fotographia felici

✪ Avec Steeve, son papa de cœur.

✪ À droite, à sa confirmation, avec le cardinal Marc Ouellet, en 2007.

Saku ne promet pas mais, bien sûr, il va tout faire pour. « *I'm going to try hard.* » Jérémy lui donne une raison supplémentaire de faire son métier.

Jérémy n'en est pas arrivé là par hasard. Le rêve, pour se réaliser, s'appuie sur une structure qui, lentement mais sûrement, se met en place. Les Canadiens de Montréal ont une fondation pour l'enfance. Or Robert Sirois, le directeur général, a récemment entendu parler de l'initiative généreuse de l'école oraliste. En juillet 2005, il fait le déplacement jusqu'à Québec. Il veut s'associer à ce projet courageux et lui donner un coup de pouce. Il est significatif, seize mille dollars. Carole, la directrice de l'école oraliste, les remettra à la fondation Sourdine qui s'occupe, sous la présidence de Sandra Ferguson, de la gestion des fonds pour l'école.

Pour le remercier, elle fait appel à trois enfants, dont Jérémy. Robert Sirois est ému, notamment par ce petit garçon qui lui chante une chanson de sa voix haut perchée de soprano. Avec sa mère, le contact est excellent. Il remet à Sylvie sa carte professionnelle. « Si vous avez besoin de moi, n'hésitez pas. »

Elle voit dans sa proposition une réponse à ses prières.

Depuis que Jérémy a scotché son mot au-dessus du lit, il y a presque trois ans, elle essaie de frapper une à une à toutes les portes qui pourraient lui permettre de réaliser son rêve, chanter. Quasiment toutes se sont fermées devant lui jusqu'à maintenant mais, ne pensant qu'au but à atteindre, elle a poursuivi, avec une énergie que rien ne semble pouvoir abattre.

On ne regrette que ce qu'on ne fait pas. Sylvie sent que quelque chose d'important est en train de se jouer, peut-être déterminant. Elle est réactive. Ni une ni deux, elle saisit la balle au bond et, quitte à passer pour une nouille, y va au culot :

— Est-ce que ça serait possible selon vous que Jérémy chante au Centre Bell ?

Pourquoi le Centre Bell ?... Robert Sirois, pris au dépourvu, ne pense pas à le demander. Il tient ses promesses et, sur-le-champ :

— Je vais essayer.

Sylvie demande à Jérémy s'il voudrait chanter au Centre Bell. C'est oui. Il a visualisé la scène et lui a fait part de son second flash. Si étonnant que cela puisse paraître, il avait déjà visualisé qu'il chanterait au Centre Bell... Quant à Robert Sirois, il tiendra parole et mettra Sylvie en contact avec le directeur des promotions des Canadiens de Montréal, M. Ray Lalonde.

Confiant, Jérémy n'a même pas interrogé sa mère sur le pourquoi ou le comment. Souvent les réponses de Jérémy tiennent en un mot. « Que votre oui soit un oui et votre non un non... » Les pourparlers ont lieu. On règle les détails techniques. Sylvie apprend, au mois d'août, que c'est d'accord. Jusqu'ici, beaucoup de ténacité, un concours de circonstances heureux, mais rien de véritablement extraordinaire.

En attendant, l'heure tourne et, avec le tic-tac de l'horloge murale, monte la pression. Un palais de glace surchauffé et une foule qui trépigne de voir s'affronter leurs équipes respectives. Un petit garçon propulsé sur le devant de la scène sans autre défense qu'une arme immatérielle, une simple voix. C'est Jérémy qui doit ouvrir le spectacle, son baptême du feu. En apparence, une charge un peu lourde pour ses jeunes épaules.

Dans la loge attribuée aux Gabriel-Lavoie, Sylvie serre fort Jérémy contre elle. Les cœurs de la mère et de l'enfant palpitent à l'unisson. Aujourd'hui, ils sont alliés, profondément. Elle le regarde, longuement. Que de chemin parcouru depuis qu'elle l'a vu partir dans l'ambulance pour les urgences avec ses bras en croix. Que de chemin encore depuis qu'elle s'est fait la promesse de tout faire pour que son enfant accède à ses rêves. Aujourd'hui, elle a échangé le mot « épreuve » contre le mot « défi ».

Elle aimerait savoir ce qui le traverse en cet instant précis. Elle repense à ces marches franchies. Certes, il a déjà chanté pour des enfants dans des hôpitaux. Certes, il a séduit le public à deux reprises pour le Téléthon, en 2004 et 2005, et même devant 800 personnes lors du « Quilles-o-don » de *Rêves d'enfant*. Ce soir, c'est une autre histoire. C'est le Centre Bell, plus de vingt mille paires d'yeux

à affronter et des millions si l'on pense que l'événement est diffusé en national. Au milieu de cette
marée humaine, un gosse tout frêle. C'est David
contre le géant.

J'écris « affrontement ». J'ai sûrement tort. Un
mot d'adulte. Ce ne sont pas les siens, ni même ses
pensées. Comme ne sont pas siennes les inquiétudes
de sa mère. Car Sylvie craint pour deux. Jérémy, pas
plus que ça. Il est davantage gêné de chanter devant
deux ou trois personnes que devant une foule. Une
foule, ça n'est jamais qu'un corps quand deux ou
trois personnes, ce sont des visages.

Mais quand même…

Gaëlle donne un baiser rapide à son frère. Le
père, comme toujours, est paisible. « Si ça doit se
faire, ça se fera bien », répète-t-il souvent, et
« bien » dans le sens de « correctement ». Plusieurs enfants de l'école oraliste sont de la partie.
Ils ont fait la route pour jouer les supporters de
Jérémy. Une aubaine pour mieux faire connaître le
travail remarquable de la fondation aussi. Chantal
Lacroix, une présentatrice vedette, suit ses gestes,
attendrie. Tout ce petit monde gagne sa place dans
les gradins après lui avoir souhaité bonne chance.

Par-dessus sa chemise cravate, Jérémy porte fiè-
rement le maillot bleu blanc rouge de son équipe
préférée. L'émotion est vive dans la loge. Sylvie se
détache de lui et le prend par les épaules. Ce soir,
une large route s'ouvre devant lui, première étape
d'une série déjà longue. La mère ressent en cet instant que, si elle est présente à ses côtés et le sou-

tient, l'enfant va être seul, et qu'il doit en être ainsi.

Il est temps de le « donner au monde », vraiment. De lâcher prise et de le laisser mener l'opération comme il l'entend. Le succès de Jérémy, ou pas, c'est son affaire. Il a atteint l'« âge de raison », mais il est si jeune encore. C'est à lui de jouer, c'est lui qui a décidé de s'inscrire dans la vie par le chant et de passer la rampe pour être sous les feux.

Sylvie lui caresse tendrement la tête. Jérémy ajuste le volume de sa prothèse. Ils font les tests de réglage.

— Prêt, Jérémy ? lui demande-t-elle.

— Oui.

Elle se retient de lui dire, une ultime fois, de ne pas s'inquiéter. L'enfant le lit dans ses yeux.

— Ça va, je n'ai pas peur.

Tout est si simple pour Jérémy, comme s'il prenait la mesure de son rôle. Il doit contenir son émotion. Il la contient. Avec le recul et en mettant son histoire en perspective, il accomplit ce soir-là, sans en avoir conscience, son premier geste professionnel. Dans les couloirs du Centre, le minuscule bonhomme est encadré par deux gardes du corps dont les ombres gigantesques glissent sur les murs de béton. Ils s'avancent vers le goulet d'étranglement qui conduit à l'arène et, à mesure qu'il se rapproche, Jérémy entend crescendo, après le murmure, le grondement des voix.

Un ordre est donné en régie.

Le Centre Bell est plongé dans le noir.

— Mesdames et messieurs, en collaboration avec la fondation du club de hockey canadien pour l'enfance, veuillez accueillir Jérémy Gabriel !

Des sifflements aigus, des applaudissements. Quelques flashs cinglent la piste de glace et, presque en même temps, deux « poursuites » chassent l'obscurité. Elles éclairent le dispositif de cercles blancs qui se fondent l'un dans l'autre et prennent en tenailles le petit garçon. Un peu aveuglé, il craint de glisser par terre, mais un garde l'accompagne jusqu'à un tapis bleu nuit disposé sur la piste avec le logo de l'équipe de Montréal.

Jérémy va au centre. Son cœur bat fort. L'animateur lui remet un micro. Les deux équipes sont alignées, brochettes de colosses démesurés aux épaules larges comme des chevaliers en armure, avec leur casque en sautoir, leur crosse au côté et la main sur le cœur.

Le silence se fait de nouveau. Jérémy entonne l'hymne national :

> Ô ! Canada, terre de nos aïeux,
> Ton front est ceint de fleurons glorieux !
> Car ton bras sait porter l'épée,
> Il sait porter la croix !
> Ton histoire est une épopée
> Des plus brillants exploits.
> God keep our land glorious and free ! (Et ta valeur, deux fois trempée,)
> O Canada, we stand on guard for thee. (Protégera nos foyers et nos droits,)

O Canada, we stand on guard for thee. (Protégera nos foyers et nos droits.)

Jérémy a chanté les derniers vers en anglais, à la demande de M. Ray Lalonde qui les lui a fait apprendre.

Un tonnerre d'applaudissements. On est debout. Une atmosphère de fête et, plus que ça, de chaleur. Jérémy n'a pas fait de faux pas, c'est-à-dire de fausse note. Il tend bien haut le micro. Il remercie le public. Son regard semble traverser la voûte du Centre et rejoindre celle, étoilée, qui encercle le monde, comme s'il rendait hommage à celui qui a donné l'impulsion à son projet.

Il a brillamment passé le premier cap. Peu après le début du match, un premier but est marqué par les Canadiens de Montréal.

Comme par hasard, Saku Koivu en est l'auteur...

Je reviens, un an et demi après, sur l'événement, car c'est le mot. Les médias s'enflamment. Le *Journal de Québec, La Semaine, Le Soleil, The Gazette* pour la presse ; Rythme FM, 93.3 FM et Radio Beauce pour la radio ; CBC, CBS, Global TV, QBS, Radio Canada, RDI, RDS, TQS, TVA pour la télévision. D'après les nombreux reportages que j'ai visionnés et les tout aussi nombreuses coupures de presse, « le petit Jérémy », comme on l'appelle maintenant, a touché les Québécois au cœur. Que faut-il voir dans cet engouement ? Un pur phénomène de mode ? Ah ! Le mauvais esprit… Si j'en juge par les visages de ces hommes et de ces femmes, je crois plutôt à la sincérité d'une réaction incontrôlable, qui a à voir avec une réelle émotion.

Jérémy touche.

On peut multiplier les hypothèses à l'infini, voir en Jérémy le souvenir de l'enfance, de l'innocence, le retour à un état perdu, le courage face à la maladie, les leçons d'espoir, l'apitoiement du public pourquoi pas, la joie, la paix, la douceur… Chacun continuera la liste en fonction de sa petite musique intérieure.

Jérémy touche, c'est comme ça.

Les témoignages sont nombreux où revient, dans des termes différents, la même idée : « Il donne la chair de poule » ; « On a le frisson » ; « On est tout retourné » ; « Il nous émeut » ; « Il nous met à l'envers » ; « Il nous donne le sourire » ; « On est séduit par son air angélique » ; « Il nous touche »…

Mais qu'est-ce qu'un vrai chanteur ? Qu'est-ce qui nous émeut chez tel artiste plutôt qu'un autre, alors que tous utilisent les mêmes notes d'une gamme réduite à sept ? Est-ce un timbre particulier, une fréquence, une façon d'attaquer la note ? Est-ce encore une attitude ou la gestion du spectacle ? Sont-ce les mots de la chanson ou les thèmes abordés ?

Un peu de tout ça, dira-t-on, car, au fond, on n'en sait rien.

Sa voix n'a rien d'exceptionnel et, en même temps, si. Parce que Jérémy est ce qu'il est. Sa voix est le fruit d'une intériorité, je pense. « Si je n'avais pas le même visage, dit-il lui-même aujourd'hui, peut-être que je n'aurais pas la même voix. »

Jérémy touche, c'est comme ça, peut-être à cause d'une autre raison que je n'ai pas encore évoquée dans mon inventaire à la Prévert. Et si, tout simplement, le public était en train de se donner, après la soirée du Centre Bell, une « figure » – je n'ose dire une icône –, à la mesure du rapport qu'ils entretiennent à l'existence ? Pouvons-nous un instant penser que c'est possible ? Pouvons-nous penser qu'ils aient envie de mettre en avant un enfant atteint de maladie orpheline, car il n'y a pas que la « beauté plastique » – terme qui n'est pas neutre – qui compte dans la vie ? Pouvons-nous imaginer qu'ils veuillent mettre l'accent sur des valeurs plus profondes, sur la beauté intérieure ? Pouvons-nous croire qu'ils veuillent donner aux enfants handicapés un représentant ?

« Naïf », dira-t-on ? Si c'est le cas, j'ai fait mon choix. Je préfère être naïf avec les êtres porteurs d'amour plutôt que lucide avec les désabusés, les déçus de la vie, les moroses. Je m'emballe. J'ai l'air de faire l'apologie de Jérémy. Oui je suis enthousiaste. Non il n'a pas besoin qu'on le défende. Il se défend très bien lui-même, par ce qu'il est.

Il vit.

Alors, je repose la question. Et si, tout simplement, on osait faire ici la place à un enfant différent qui serait des enfants différents le porte-parole ? Serait-ce… mal ?

137

À la fin du match, Saku, qui déclare avoir « été inspiré » par Jérémy, a peut-être donné un élément de réponse essentiel : « Voir un jeune comme lui remet tout en perspective, a-t-il poursuivi. On va lui remettre la rondelle de mon but. »

« Mise en perspective… »

Quelque chose, comme dans la voix de Jérémy, qui sonne juste. En tous les cas, c'est exactement ce que je ressens au cours de nos entretiens.

Retour à la maison, en 2007.

Jérémy est particulièrement fier d'avoir interprété l'hymne national, une de ses chansons préférées parce qu'elle rend gloire à son pays. Pour lui, c'était un « conte de fées ». Mais revenons sur un point particulier. Dans *Le Soleil*, Jérémy déclarait que la soirée au Centre Bell était plus belle que dans son rêve.

— Qu'est-ce que tu as préféré, Jérémy, le rêve ou la soirée ?

— Le mieux, c'était la soirée. C'était le plus beau jour de ma vie à l'époque. J'étais tellement ému, après, que je n'ai pas pu manger mon hot-dog. La soirée était pareille à mon rêve, exactement la même affaire. Je me voyais sur un tapis avec du rouge, un monsieur à côté de moi et les joueurs des deux équipes alignés devant moi. Il y avait aussi mon père et ma mère dans les gradins. Dans ma vision ils étaient assis derrière le banc des joueurs du Canadien. Quand j'ai raconté ça à maman, elle a tout de suite téléphoné à Robert Sirois.

— Quand en avais-tu rêvé ?

— L'été avant de chanter. Il n'y avait pas un détail qui manquait dans ma vision. Je ne savais pas qui allait jouer contre qui, mais je me souviens que j'avais le même chandail que j'ai porté.

— Celui de l'équipe de Montréal ?

— Oui. Quand ils jouent ailleurs, ils sont habillés en blanc. Moi je le voyais bleu, blanc et rouge, me dit-il en le sortant d'un tiroir. C'était celui-là.

On l'a conçu spécialement pour lui. Il y a le numéro onze du capitaine de l'équipe et son prénom dans le dos.

— Mais pourquoi « mieux » ?

— Parce que c'était réalisé.

Cette simple phrase signifie beaucoup à mes yeux et je progresse dans la compréhension du « phénomène Jérémy ». Voilà encore un point qui justifiait de lui accorder la parole. Nombreux sont ceux qui, parmi nous, rêvent de choses qu'ils feront en sorte de ne jamais réaliser, par peur de la réussite. Ceux-là sont leur propre ennemi et préfèrent les chimères à l'accomplissement du désir. Je mesure encore une fois à quel point Jérémy n'a pas de barrières mentales, à quel point le mot « inhibition » perd de sa signification quand on l'observe.

Au cours de nos premières rencontres, j'étais émerveillé par ce petit garçon courageux qui peignait la vie des couleurs heureuses de l'enfance. Maintenant, je le suis parce que je saisis qu'il ne rêve pas tant sa vie qu'il ne vit ses rêves.

J'ai lu dans des coupures de presse un entrefilet qui me met sur une nouvelle piste. Je comprends aussi mieux pourquoi Saku Koivu est devenu son « idole ».

— Si j'ai bien suivi, Saku Koivu est ton joueur préféré ? lui demandé-je.

— Oui.

— Mais pourquoi lui plutôt qu'un autre ?

— Les autres, je les aime beaucoup, José Théodore, Francis Bouillon et tous les autres. José a même prêté sa loge pour tous mes amis de l'école oraliste. Mais Saku, ce n'est pas pareil. Lui, il a eu un cancer. Il a traversé beaucoup d'épreuves et de difficultés.

— Un peu comme toi...

— Oui. Je ne me rappelle pas quand il a eu ce cancer-là et je ne sais pas trop ce que c'est. Faudrait que tu demandes à mon père, mais c'était vraiment sérieux.

— Un cancer des intestins.

— Oui, c'est ça. Ça me fait mal quand il arrive des accidents à des personnes qui sont supergentilles. Ça m'a beaucoup touché quand j'ai su ça.

— Pourquoi ?

— Parce que c'est une personne qui est superbelle.

— Dans quel sens ?

— Il est très beau, c'est sûr, c'est une sorte de beauté fatale, mais c'est autre chose qui m'a touché. Je ne sais pas trop comment t'expliquer ça, mais il est beau d'amour. On sent qu'il est gentil. Ce qui m'a touché aussi chez lui, c'est qu'il a essayé de combattre sa maladie. J'étais tellement ému quand j'ai su cette année qu'il n'avait plus de cancer !…

— Pourquoi tu lui as demandé de marquer un but spécialement pour toi ?

— Je crois qu'il a marqué un but pour moi parce qu'il a vu un garçon qui a des choses à combattre. Enfin, moi, je n'ai pas de grosse maladie comme lui, mais c'est à cause de ça.

— Ce but, c'est comme un symbole ?

— Oui. Je m'en souviendrai toujours. C'était fantastique. En plein début de la première période, pouf ! Il tire et puis il marque. Mes amis n'en revenaient pas : « Il a marqué un but pour toi ! » Ça m'a fait tellement plaisir quand son nom s'est affiché sur le panneau lumineux. Moi, à cause des journalistes, je croyais qu'il m'avait promis un but. À cette époque, je ne connaissais pas l'anglais. Mais c'était pas ça. Il avait juste dit à mon père qu'il allait essayer de toutes ses forces. En plus, il m'a donné le palet du but qu'il a marqué pour moi.

Et de le sortir de la pile de palets, qu'il collectionne.

— En parlant de Céline Dion, tu avais une phrase similaire, Jérémy. Tu es touché quand les adultes « travaillent au nom de l'amour », c'est ça ?

141

— Oui. Je suis attiré par les gens qui travaillent au nom de l'amour, c'est vrai…

— Et toi, est-ce que tu mesures que ta voix, ce que tu es, touchent les gens ?

— Au début non.

— Mais tu as conscience que tu donnes de l'émotion ?

— Ouais.

— Qu'est-ce que tu éprouves quand tu vois des adultes pleurer en t'écoutant, comme ça a été le cas au Centre Bell ou ailleurs ?

— Maintenant, je sais que des gens sont touchés, qu'il y a des gens qui sont bouleversés. Au début, ça ne me faisait pas ça. Je me demandais pourquoi ils pleuraient. Je me demandais : « Ils sont amoureux ? Ils ont eu des problèmes dans leur vie ? » Je chantais une chanson, c'est tout. Je monte juste sur scène. On m'applaudit. Je voyais des gens crier. Je ne comprenais pas trop. Maintenant je sais que c'est autre chose… C'est pour ça que j'ai envie de toucher toute la planète. Ce n'est pas moi qui atteint les gens personnellement. La moitié, c'est moi, mais l'autre moitié, c'est le royaume de Dieu. Pas juste moi ou juste le royaume de Dieu. Les deux ensemble… Faut que je te conte une histoire.

Et d'embrayer sur un autre sujet, allant à saut et à gambade.

— Vas-y, j'adore ça.

— Je suis allé à une émission de télé à Montréal qui s'appelle « Bons baisers de France ». Là, j'ai parlé avec René Simard, un chanteur très aimé chez nous, et France Baudouin, l'animatrice. À la fin de l'entrevue, je leur ai confié que j'avais prié pour Saku Koivu parce qu'il s'était blessé à l'œil. Un joueur d'une autre équipe lui avait rentré le bâton dans l'œil. C'était après le Centre Bell. J'étais tellement choqué quand je l'ai appris que j'ai donné un gros coup de pied dans le mur de ma chambre. Dans d'autres émissions, on m'a demandé ce que je pensais de sa blessure à l'œil, parce qu'on sait que je l'aime beaucoup. J'ai dit que j'avais fait beaucoup de prières pour lui. Le médecin a interdit à Saku d'aller sur les plateaux de télé à cause de la lumière, mais il m'a envoyé une photo de lui avec marqué dessus : « Bravo Jérémy ! Merci pour tes prières. » Puis on m'a expliqué qu'il avait prévu de venir sur le plateau spécialement pour me faire une surprise. Comme il n'a pas pu le faire, il m'a envoyé sa photo. J'ai été très touché de ça.

Plein du sujet que nous venons d'aborder, je lui demande :

— Tu penses que tes prières ont aidé à le guérir ?

— Je saurais pas te dire, mais il est guéri. Moi, je pense souvent à lui. En plus, son affiche qui est au-dessus de mon lit tombe fréquemment sur moi.

— Pour te rappeler de prier pour lui ?

Quand je parle de sujets prosaïques, Jérémy m'emmène sur le terrain spirituel. Quand je lui parle de Dieu, il me ramène à la terre.

— Non. Parce que les Scotchs ne collaient plus.

J'arrête ici. Je me suis fait avoir. C'est de bonne guerre. Je pose les questions mais, au fond, c'est Jérémy qui conduit l'entretien... Et j'éclate de rire.

Peu après l'événement, Jérémy revient au Centre Bell « en touriste » pour suivre un match de hockey. À des journalistes qui l'ont reconnu, il a déclaré qu'il ira chanter pour Céline Dion...

Il sait même le cantique qu'il doit interpréter pour le pape...

15.

Le disque de Noël

« Si tu n'aimes pas le monde dans lequel on vit, agis !… Si moi j'aide deux personnes et que ces deux personnes aident chacune deux autres personnes en retour, ça fait quatre personnes qui vont donner à huit personnes. Si on continue chaque jour à donner au suivant, on va peut-être réussir à améliorer le monde dans lequel on vit. »

Ainsi Chantal Lacroix, animatrice très célèbre au Québec, ouvre-t-elle son émission « Donnez au suivant ». Il émane d'elle une joie de vivre, une bienveillance qu'elle traduit dans le choix de ses émissions. Des petits miracles d'attention, elle en a vu au quotidien, sans cesse parcourant le pays à la recherche de ces pépites d'amour, cherchant à offrir à son public ce qui se fait de meilleur dans la vie quotidienne des gens. Des moments simples, porteurs d'espoir.

Le principe est simplissime : déclencher, amplifier et promouvoir une chaîne de solidarité entre ceux qui passent à l'émission et ceux qui choisiront d'aider à leur tour la cause de leur choix. Et ainsi de suite. Le principe porte ses fruits, à tel point que l'animateur du Téléthon propose que chaque personne qui a déjà donné appelle une personne de son entourage pour étendre la chaîne de bonté.

Chantal était au Centre Bell le soir où Jérémy a chanté l'hymne canadien. Elle a fait partie de la garde rapprochée qui a encouragé le petit garçon. Elle avait en main la surprise qui lui avait été préparée : disque de Noël qu'elle lui a symboliquement remis ce jour-là. Les événements heureux se télescopaient. Tout était en train de s'accélérer, d'échapper à la logique, de prendre une dimension folle après des années de galère et d'efforts.

Comme beaucoup, Chantal a été touchée par « ce petit bout de chou qui était là, à attendre son tour, avec son petit micro dans la main, courageux et difficile à ébranler », a-t-elle confié, émue, au *Journal de Québec*.

Et de joindre le geste à la parole. Elle a décidé, avec son équipe, de se mettre au service de son rêve : faire un disque. Pour ce projet, Jérémy n'a pas eu de flash particulier. C'était juste un souhait lancé en l'air qu'il a exprimé à Sylvie. Il lui a annoncé, avec son enthousiasme coutumier, qu'il voulait faire un disque de Noël, de Pâques… « Il a nommé toutes les fêtes », me rapportait Sylvie en riant. Alors elle a relayé son désir auprès de Chantal, écrivant à l'émission, doublant son courrier de plusieurs courriels et de coups de téléphone.

Dans le camion qui l'emporte vers l'école oraliste des enfants sourds, Chantal explique aux spectateurs le parcours de Jérémy : son handicap, les opérations, sa déficience immunitaire... Caméra embarquée, on suit l'animatrice parcourant les couloirs jusqu'à sa classe. Le petit garçon ne sait absolument rien de ce qui se passe, pas plus que sa mère n'est au courant que sa candidature a été retenue pour l'émission.

Sandra, de la fondation Sourdine, est dans la confidence. Avec Carole, elles ont tout manigancé et ont profité d'une visite des parents à l'école. Elle ouvre la porte et Chantal fait son apparition.

Les enfants, assis à même le sol au milieu des adultes, n'en reviennent pas et ouvrent de grands yeux. Cris de joie dans la classe. Tout le monde connaît la sympathique animatrice dont l'émission est si populaire au Québec. Plusieurs d'entre eux ont déjà passé du temps avec elle au Centre Bell après le match. Pour les autres, la voir en vrai, sans la barrière de l'écran de télévision...

Quand elle entre, Sylvie est estomaquée. Sa demande a été retenue parmi des milliers d'autres. Elle comprend que c'est oui, que son fils aura son disque de Noël, qu'elle a eu raison de batailler sans relâche. C'est trop. Elle ne peut pas se retenir. Le chef opérateur, caméra à l'épaule, capte cette scène sur le vif. Sylvie fond en larmes et tombe dans les bras de Chantal qui, tout sourires, la met en boîte :

— Pourtant, la surprise, ce n'est pas pour toi, Sylvie. C'est pour Jérémy.

— Je suis désolée, c'est juste que je suis émue.

Chantal se penche sur Jérémy. Il tient ses mains devant lui, ne sachant quoi en faire. Il est à nu. Pas plus qu'il n'a de barrières mentales il n'a de défense et prend les émotions qui lui arrivent de plein fouet. Il paraît si fragile, tant dans le malheur que dans le bonheur.

— Tu dois te demander pourquoi maman pleure aujourd'hui, hein, Jérémy ?

Il lui sourit. Il perçoit que ce sont des « larmes bonnes ». Chantal reprend.

— Maman a décidé de s'inscrire à l'émission « Donnez au suivant » parce qu'elle voulait réaliser ton rêve. Il paraît que ton rêve à toi, c'est de produire un album.

Plus que jamais Jérémy a l'attitude de l'enfant devant le sapin de Noël. Il ne sait plus quoi dire. Le temps est suspendu. Que se passe-t-il en lui ? Mesure-t-il à quel point les adultes se mettent en quatre pour donner forme à des désirs qu'il exprime avec cette naïveté d'enfant ? Il vit, pleinement disponible à l'instant présent. Il se contente de hocher la tête. Son beau sourire est toujours accroché à son visage. Il attend la suite. Chantal ne retarde pas davantage l'annonce de la bonne nouvelle.

— C'est ce qu'on va faire. On va aller au studio d'enregistrement et tu auras ton propre album.

Le souhait va prendre forme. Tous les enfants applaudissent. Sont-ils fiers que l'un d'entre eux soit choisi pour l'émission ? Quand il pousse une porte pour lui, Jérémy l'ouvre aussi pour eux. C'est aussi un peu leur victoire aujourd'hui. Le petit garçon tend les bras à Chantal, qui l'enlace. C'est parti !

La grande aventure commence, ou se poursuit.

Quand il découvre les studios d'enregistrement de Sonogram, l'enfant est aux anges. André Grenier, qui l'accueille, a trouvé l'idée géniale et s'est tout de suite associé à l'équipe de « Donnez au suivant ». Il le prend par la main et l'emmène dans la « cabine de pilotage ». L'enfant reste bouche bée devant ce nouvel univers qui l'attire depuis si longtemps sans en avoir la moindre idée, avec cette armée de boutons impeccablement alignés.

Dans une semaine, il passera de l'autre côté de la vitre épaisse, dans la pièce où trône un micro professionnel sur son pied, avec un filtre. Étrange parcours que celui de ce gamin. Il est sourd, et c'est dans une pièce insonorisée qu'il donnera de la voix.

Pas n'importe quelle pièce…

— C'est là qu'on fait des miracles, lui dit André.

Et c'est dans des kilomètres de fils, en passant par des milliers de composants, que sa voix, du tréfonds de lui-même, va être transmise, modifiée, convertie en signal numérique, pour finir encodée sous la surface d'un CD, prête à l'écoute. Chemin technique d'un son qui, à l'image de sa vie, franchira de multiples étapes avant de toucher, on ne sait où, le cœur des gens.

La première, lui faire écouter de nombreux chants de Noël. Un technicien passe en revue ceux qu'ils ont à leur disposition dans leur banque de données. Un a un, Jérémy les trie, écarte ce qui ne lui plaît pas – il ne se gêne pas –, pioche dans ce catalogue pour finir par en enregistrer une poignée. Trois chants populaires : *Il est né le divin enfant*, *Mon beau sapin*, *Les anges dans nos campagnes*.

Il faudra ensuite se mettre au travail. Deux semaines environ pour répéter, enregistrer, finaliser le disque. Il sera tiré à trois mille exemplaires et les bénéfices intégralement reversés à la fondation Sourdine. Pendant ce temps, Jérémy fournira « ses efforts à lui » avant que l'album ne soit officiellement lancé par la radio Rythme FM.

Premier contact aussi où l'on en a profité pour faire la séance de photos qui servira à la couverture de l'album. Jérémy au pied d'un sapin couvert de guirlandes qui lève les bras, comme si ses actions étaient accompagnées d'un désir d'élévation.

Quand il quitte ce jour-là les studios, l'enfant est ému par toute cette agitation autour de lui, qu'il suscite sans en avoir conscience. Chantal a bien fait les choses. Elle aurait pu se contenter d'enregistrer l'émission et plier bagage mais, pour elle, ce n'était pas suffisant.

Un geste ne vaut pas seulement parce qu'on le pose, il vaut aussi et surtout par la manière dont on le pose. Je pense à ce proverbe africain que j'aime tant : « Nous n'avons pas d'art, nous faisons tout ce que nous faisons du mieux que nous le pou-vons. » C'est ce qui se passe en ce moment.

Cœur et professionnalisme... Chantal avait gardé le meilleur pour la fin, poussant la délica-tesse jusqu'à choisir avec un soin tout particulier le studio d'enregistrement, et ce n'est pas au hasard qu'ils ont franchi les portes de Sonogram. « Ça fait partie de l'aventure. » Jérémy regarde le micro avec envie, un micro porteur de toute une histoire.

Ici, Céline Dion a fait ses premiers pas de chan-teuse. Jérémy chantera dans le même micro...

Chantal Lacroix a bien voulu m'accorder une interview au téléphone et revenir sur ces moments heureux.

— Pourquoi avez-vous choisi Jérémy Gabriel pour votre émission « Donnez au suivant » ?

— La première chose qui m'a personnellement touchée est que sa mère ne demandait rien pour elle-même, mais pour son enfant. Ça, c'était déjà un beau signe de générosité. Je crois que ce qui m'a bouleversé ensuite chez Jérémy, c'est son cou-rage. Il était sourd et, à 8 ans, il se tape le Centre Bell. Ce n'est quand même pas n'importe quoi. Moi aussi j'ai un problème de surdité à l'oreille droite. Quand je l'ai vu dans la loge, débordant d'énergie, je me suis tout de suite dit : « Il est encore plus fonceur que moi ! »

— Un coup de cœur, donc ?

— C'était important pour moi d'encourager un enfant qui va au bout de ses rêves.

— Qu'est-ce qui, à votre avis, touche à ce point les gens chez Jérémy ? Quelle corde sensible fait-il vibrer chez eux ?

— Les Québécois se sont pris d'amitié pour Jérémy, c'est indéniable. D'abord, il s'exprime très clairement, ce qui fait qu'on le suit facilement. Je pense qu'il marque les gens parce qu'il chante librement, malgré son handicap. Il est capable de mettre les soucis de côté pour se concentrer sur l'essentiel. Et puis il est attachant, intègre, drôle aussi. Avec lui, on ne s'ennuie pas. Ce sont sa personnalité et son charisme qui permettent à son rêve d'aboutir et d'arriver sur la place publique. Je rappelle que l'argent qui a été récolté par la vente du disque a été intégralement remis à la fondation Sourdine. Sa maman y tenait beaucoup. Des gestes de gratuité comme celui-là, le monde dans lequel nous vivons en a besoin. C'était une façon de « donner au suivant ». Les Québécois ont encore plus envie de s'associer à des actions comme cela et de l'aider à réaliser ses rêves. Cet enfant ne veut rien pour lui-même.

C'est vrai. Jérémy, au fond, ne demande rien. C'est sûrement l'une des conditions majeures de son succès. Certes, il veut réaliser ses rêves, mais parce qu'il souhaite que les gens soient heureux. L'engouement du public canadien a eu des répercussions immédiates. Les disques se sont vendus comme des petits pains. Rien qu'à Montréal, le jour du lancement, plus de 1 300 étaient partis. Un collectif de journalistes de la radio s'est cotisé. Ils ont annoncé, alors que l'émission se déroulait en direct, leur intention d'en acheter un à mille dollars…

À la fin de la journée de promotion, il n'y en a plus. Les cartons sont vides et Jérémy a le poignet fatigué d'avoir donné autant de dédicaces. Les résultats sont bien au-dessus de ce qu'espéraient Chantal et Sylvie. Les rêves de Jérémy commencent à porter ses fruits. Ils ont été en mesure de remettre 35 000 dollars à la fondation Sourdine.

— Chantal, quel est le souvenir le plus fort que vous gardez de vos différentes rencontres avec Jérémy ?

— Le Centre Bell a vraiment été un très beau moment. Il était là, tout frêle au milieu des joueurs de hockey qui faisaient trois fois sa taille. J'étais très nerveuse pour lui alors qu'il était d'une sérénité et d'un calme olympiens. Au moment où il a chanté, il y a eu l'ovation de la foule, les frissons, les larmes aux yeux, c'est sûr. Mais pour revenir à votre première question et compléter ma réponse, j'avais surtout envie d'encourager un jeune qui mord dans la vie et qui fait un pied de nez à son handicap. À l'époque où l'on vit dans le mythe de l'enfant roi, à l'époque où une génération peut baisser facilement les bras, Jérémy donne à tous une leçon de courage. Il est sur un chemin difficile et, malgré tout, il se bat. Pour la majeure partie des gens, je pense que c'est cette leçon de courage qu'on retient. Il y a sa voix enfin. On est charmé par elle, car Jérémy, vous savez, c'est un talent.

— En somme, un talent au service d'une cause ?

— Oui. J'espère qu'il continuera d'être un modèle pour tous ceux qui se plaignent. Jérémy, lui, apprécie tout de la vie et ne se plaint pas. Il est constamment en train de remercier la vie.

Donner au suivant… Sylvie et Jérémy l'ont fait. Chantal leur a remis symboliquement le carton avec le titre de l'émission. Ils ont choisi, puisque c'était bientôt la période de Noël, de faire du porte-à-porte pour ramasser des jouets. Cela fait une vingtaine d'années que les pompiers les collectent, les remettent en marche et les offrent à des enfants nécessiteux. Un bonus pour Jérémy. Ils lui ont fait un cadeau qui l'a marqué. Habillé en pompier, il a eu le droit de faire un tour dans le camion.

Quant à Chantal, elle en est sûre, ça ne s'arrêtera pas à cet épisode. Jérémy chantera devant beaucoup de monde. Au Centre Bell, une petite étoile est née. Jérémy pense déjà à faire un autre disque.

Alors que la chaîne de bonté se poursuit, les événements s'enchaînent et le micro où il a chanté le rapproche, déjà, de l'idole qu'il rêve d'approcher…

16.

Chanter pour Céline Dion

« Céline, je t'aime beaucoup, je veux te rencontrer. »

T out commence par cette simple phrase que Jérémy a écrite au feutre sur la pochette de son disque de Noël. Lorsqu'elle le reçoit, Céline Dion ne sait rien de plus sur Jérémy que ce qu'en ont dit les médias.

Je suis avec la famille Gabriel-Lavoie. Je demande aux parents de poser les balises du chemin. Après, Jérémy me parlera de l'aspect intérieur de cette nouvelle aventure.

— Et vous avez juste transmis le disque, comme ça ?

— Non, me répond Sylvie. Ça ne s'est pas fait en direct. Il y a eu plein de détours pour en arriver là. En novembre 2005, juste après le lancement du disque de Noël de Jérémy, il a été invité au Centre d'achat des galeries de la capitale pour une levée de fonds pour la Fondation Rêves d'enfants. J'ai rencontré Mario Lefebvre, qui travaille avec René Angélil, le mari de Céline Dion, aux productions Feeling. Mario nous a promis de remettre le disque à René et Céline.

— Elle était déjà l'idole de Jérémy à cette époque ?

— Céline est très aimée dans le monde entier, mais particulièrement chez nous, me répond Steeve. Je ne me rappelle pas exactement quand Jérémy a commencé à l'admirer, mais ce qui m'a frappé, c'est qu'il m'a toujours parlé d'elle parce qu'elle « travaille au nom de l'amour ».

— Je comprends, surtout lorsque l'on pense au titre de son premier album : « La voix du bon Dieu ».

— C'est vrai, reprend Sylvie.

— Comme toujours, tu y es allée au culot.

— Jérémy y tenait tellement. Je l'ai fait. En décembre, il a participé à l'émission « À la fureur ». Toute la famille de Céline Dion était là, sauf Céline et sa mère. Jérémy avait très envie de rencontrer Céline, mais rien ne s'était encore fait. En réalité, tout s'est enchaîné quand nous sommes passés à Rythme FM. Une personne est venue dans les studios, touchée par sa voix et son courage.

— Qui ?

— Olivier Delcol, le cuisinier de Céline Dion. C'était incroyable pour nous tous. Personne ne croyait au début que c'était vrai. Tu te rends compte ! Il est venu spécialement jusqu'aux studios. Il a pris onze disques et Jérémy en a « dédicacé » un pour Céline, me dit Sylvie en riant. Ce sont des choses qui ne s'inventent pas. Quel besoin avait-il de venir et de prendre des disques ? Olivier nous a promis qu'il transmettrait l'album à Céline et il nous a invités à son restaurant. Nous, on savait qu'on devait se rendre à Montréal vers la mi-décembre pour un spectacle de Noël, et nous avons répondu à son invitation.

— Enchaînement heureux de circonstances, comme toujours.

— C'est vrai que c'est un tourbillon qui nous emporte. Et ce n'est pas terminé. Quand on est arrivés à son restaurant, c'était le jour anniversaire de mariage de René et Céline, le 17 décembre 2005. Ils le fêtaient à cinq minutes de là, dans l'intimité, et Olivier devait aller tout préparer. C'est nous qui avons reçu un cadeau entouré de jolis rubans. Dans l'enveloppe, il y avait une grande photo de notre merveilleuse Céline avec une inscription : « Pour Jérémy Gabriel. J'espère te rencontrer bientôt. Love. Céline. » Finalement, René et Céline avaient reçu deux fois l'album de Jérémy. Par Olivier et par Mario, mais nous n'en savions encore rien. Et tout ça dans la même journée. Le temps passe, la nouvelle année arrive et, en janvier, toujours rien. Je prends mon téléphone et j'appelle les productions Feeling pour raconter toutes les étapes de l'histoire de Jérémy. Une assistante m'a écoutée. Elle m'a dit que si Céline était quelqu'un de parole et qu'elle lui avait écrit un mot pour le rencontrer, alors ça se ferait. Un mois plus tard, Feeling nous a appelés à la maison pour nous dire qu'on était invités à Las Vegas.

— Pour insérer une rencontre avec Jérémy dans un planning que j'imagine très chargé, il avait dû se passer quelque chose…

— Je me souviens qu'on s'est regardés avec Sylvie. Nous étions complètement abasourdis. Ils nous invitaient trois jours entiers et nous offraient le voyage en avion, l'hébergement au Caesar's Palace, la possibilité de l'écouter sur scène, tout !

Le premier flash de l'enfant s'appuyait sur l'imaginaire. Le Centre Bell, c'était déjà un autre type de manifestation plus en rapport avec la visualisation mentale. Le disque de Noël était, lui, un souhait. Qu'en était-il pour Céline Dion ? Rien ne le prédisposait à rencontrer la chanteuse, si ce n'est son désir de devenir chanteur un jour. Quand elle a commencé, Céline avait 5 ans. Très tôt, sa mère décèle son talent pour la musique et le chant. Elle l'encourage. Quand elle a composé sa première chanson, la jeune fille en avait 12. Étonnamment, elle lui donne pour titre : « Ce n'était qu'un rêve ». En 81, son premier disque s'intitule, comme vous le savez, « La voix du bon Dieu… ».

Et voilà que les événements s'enchaînent. Au fil de nos échanges, Steeve m'a cité à plusieurs reprises un proverbe chinois dont il a fait l'un de ses principes de vie : « Ne rien faire ». C'est-à-dire être ouvert. Quand on voit l'énergie que Sylvie dépense pour aider son fils à se réaliser, on mesure qu'il n'est pas question de prendre une posture attentiste. Cette famille se laisse aller au flux de la vie, mais ils réunissent les conditions pour être prêts au bon moment. Quand le train passe, ils ne restent pas sur la voie. Ils embarquent.

— Et tu n'as pas été déçu, Jérémy. Parle-moi de ce qui t'a amené à rencontrer Céline.

— C'était très important pour moi. Je tenais beaucoup à la rencontrer. J'avais visualisé notre rencontre et ma mère s'est débrouillée avec ça. C'était pas moi qui allais appeler et dire : « Bonjour, je suis Jérémy. Je chante bien. J'aimerais chanter pour Céline Dion. » Alors ma mère s'en est occupé.

— Mais tu l'as visualisée avant ou bien après en avoir parlé avec ta mère ?

— Avant. J'avais des images de Céline mais il manquait quelque chose au milieu.

— Ça, tu m'en as déjà parlé. L'« équation » s'était mise en place quand tu avais mis une photo au milieu.

— Oui. Parfois, c'est comme s'il fallait que j'essaie plusieurs hypothèses avant que mon flash fonctionne. Comme si Dieu faisait un bout de chemin et que c'était à moi de faire le reste. Au début, je voyais Céline dans la vie et Céline dans une loge.

— Je vois que tu es fidèle à ton principe : « ne pas rester sans rien faire ». Mais j'aimerais que nous allions un peu plus loin. Qu'est-ce que tu ressens quand le flash est en place ?

— Je sens que c'est juste. J'ai une certitude. Une fois que les flashs sont en place, le rêve va pouvoir se réaliser. Tu sais, des fois, ça ne marche pas. J'ai des flashs et j'essaie mes hypothèses, mais ça ne vient pas. Dans ce cas-là, je laisse tomber. Ça ne va pas devenir un rêve qui se réalisera. Certains me viennent comme ça, mais ils ne reviennent pas.

— Comme lorsque tu avais essayé de forcer la vision de Roland ?

— Oui. Il ne faut pas forcer, ce n'est pas la peine.

Je repense à l'un de nos entretiens. Jérémy pense que ces flashs lui sont donnés par Dieu.

— Il faut donc que tu sois réactif ?

— Comment ?

— Il faut que tu les attrapes au bon moment.

— Oui. Quand je sens que c'est juste, alors là c'est bon. C'est que je suis bien branché avec Dieu. C'est ça la différence.

— Entre le moment où tu as un flash et le moment où il se réalise, il ne se passe pas beaucoup de temps.

— C'est parce que je crois que Dieu m'aide.

— Est-ce que tu as conscience qu'il y a du monde derrière pour aider Dieu à les réaliser ?

— Bah oui. Ça ne s'est pas fait tout seul. Je ne reste pas dans mon coin. Sinon, ça ne se ferait pas. Les autres sont très importants. Moi, je suis trop jeune pour organiser les choses. C'est pour ça que j'ai envie de remercier ceux qui m'entourent. De remercier ma mère et puis mon père et tous les gens qui m'aident pour les réaliser.

— On a écrit que tu as chanté sur scène avec Céline.

— Ce n'est pas du tout ça qui est arrivé ! Mon flash, c'était juste dans la loge. Ce n'était pas sur une grande scène comme le Centre Bell. Je ne sais pas pourquoi les journalistes se sont trompés. C'est vrai que j'ai chanté pour elle, mais dans sa loge. C'est important de dire la vérité.

— Eh bien justement, raconte-moi ta rencontre avec elle si tu le veux bien.

À l'ouest des États-Unis, un État est traversé dans son axe nord-sud par une chaîne de montagnes. C'est le Nevada, avec ses immenses plaines désertiques balayées par le vent et la poussière. Au milieu de nulle part, une ville a surgi de rien, là où il y a moins de cinquante jours de pluie par an, en plein désert. Environ 2 000 habitants en 1920, près de 550 000 en 2005, soit un quart de la population de l'État qui vit aujourd'hui à Las Vegas. Quand on pense à cette ville, ce n'est plus le souvenir des Indiens Mojaves qui est convoqué, ni même celui des Mormons qui la fondèrent au milieu du XIXᵉ siècle, mais la mafia et les casinos, immortalisés entre autres par le film éponyme de Martin Scorsese.

« Sin city » est son surnom. Temple du jeu de hasard, Las Vegas draine chaque année près de

161

quarante millions de visiteurs, qui ont à leur disposition les dix kilomètres d'un fameux boulevard, le « strip », pour dépenser leur argent.

Dans l'avion qui descend vers l'aéroport, Jérémy voit derrière son hublot la ville qui scintillera dès que le soleil aura disparu derrière les montagnes. Le « petit ange » a des ailes, dira l'une des amies de Jérémy en pensant qu'il a atterri dans la « ville du péché ».

À plus de trois cent cinquante mètres culmine la Stratosphere Tower avec, comme à Québec, un restaurant rotatif, le « Top of the world ». Il y a aussi, qui dépasse des hôtels casinos, une tour Eiffel, construite à l'identique, pointant son nez à cent soixante-cinq mètres au-dessus des miniatures de l'Opéra Garnier, des Champs-Élysées, du Louvre et de l'Arc de triomphe. Les monuments parisiens en côtoient d'autres, pas très loin : des répliques d'un quartier de Venise, le sphinx du temple de Louxor en Égypte, comme si la ville se voulait résolument internationale.

— Ça va, Jérémy ? lui demande son père.

Et comment ! Pour Jérémy, être là, c'est le commencement d'un nouveau rêve qui prolonge les anciens. Symboliquement, c'est une étape qu'il est en train de franchir. Lorsqu'une limousine vient prendre la famille à l'aéroport, les parents sont un peu gênés. Elle l'emmène au Caesar's Palace, où René Angélil, le mari et producteur de Céline Dion, les a si gentiment invités.

Deux jours de balade et de shopping. On aime ou l'on n'aime pas mais Las Vegas, en soi, c'est un parc d'attractions. Jérémy en profite. Pour un enfant, l'endroit est rempli de charme, c'est presque Disneyworld. Une chose le frappe surtout. En se promenant dans la ville, il sent qu'un nouveau monde l'attend. L'image de Céline Dion, comme un avant-goût de la rencontre, est présente à tous les coins de rue. « Je sens que je ferai un spectacle ici », pense-t-il.

La tête lui tourne. La musique, elle aussi, est partout. Las Vegas en est envahie. Jérémy laisse son Baha branché en permanence. Que l'on soit dans la chambre, au restaurant, sur les trottoirs ou même dans les toilettes, de la musique se diffuse. Avec sa mère, l'enfant chante, danse dans les rues sous le regard amusé de Steeve, qui se contente de fredonner les airs entonnés.

Pendant ces deux jours, le rêve les emporte dans son tourbillon. Il n'y a qu'aux abords des machines à sous qu'on prévient les parents de tenir leurs enfants à l'écart. Pour le reste, c'est une nouvelle découverte à chaque pas. Jérémy flatte un dauphin qui s'approche de lui, au bord de la piscine. À l'occasion d'une visite des statues de cire des personnages de films d'Hollywood, il se fait prendre en photo avec Freddy Crooger et, déjà, il n'est plus incognito. Plusieurs Québécois en visite à Las Vegas viennent voir l'enfant du Centre Bell pour lui serrer la main ou l'embrasser. Ils l'ont reconnu…

Le soir, lorsque Jérémy tombe de sommeil, il est réveillé par une nouvelle surprise. Les couvertures sont couvertes d'une montagne de pièces d'or en chocolat, que les femmes de chambre ont disséminées sur le lit.

Et enfin, la rencontre est programmée. Jérémy pourra voir Céline avant son concert.

Jérémy attend dans la salle attenante à la loge de la chanteuse. Dans une demi-heure, elle doit être sur scène. Tout à coup, elle surgit, avançant droit vers la famille comme si elle la connaissait depuis longtemps. Elle a les bras grands ouverts.

— Ça fait si longtemps qu'on ne s'est pas vus nous autres ! Ça fait plaisir !

Céline Dion est dans la vie comme elle est à la scène. Et justement, le contraste est saisissant. Alors qu'elle est dans sa tenue de scène rouge, elle garde ce visage d'enfant qu'on peut voir dans les images d'archives. Comme chez Jérémy, il y a une douceur et presque une fragilité dans ses traits. Céline sait d'où elle vient. Elle ne l'a pas oublié. Elle était d'une famille nombreuse, quatorze frères et sœurs. Elle n'a pas oublié d'être, bien que son métier commande souvent de paraître. Tout cela, Sylvie et Steeve me le confirment.

La voix de Sylvie est calme quand elle m'en parle, très posée. Elle vient de loin. Vous savez, ce timbre qui se fait bas par pudeur, quand on va à la pêche aux sentiments intimes et que l'on va parler du fond. Elle a vraiment été touchée par la rencontre. C'est l'accueil qu'elle aurait aimé recevoir autrefois des autres gens, quand elle en avait besoin, à l'époque.

— Quand elle s'est avancée vers nous, me raconte-t-elle avec émotion, elle était très affectueuse, très gentille, vraiment. Elle m'a dit de Jérémy qu'il était non seulement un espoir pour les enfants, mais un modèle pour les adultes aussi.

— Ce sont ses mots ?

— Oui.

Steeve confirme.

— Ça, tu sais, ça m'a vraiment touchée au cœur. Une de ses phrases m'a donné une énergie incroyable. Une chose que je ne pourrai jamais oublier et qui fait que je pourrai soulever encore plus les montagnes pour mon fils. Jérémy a chanté une chanson pour elle. Elle m'a dit qu'il devait chanter dans le monde entier. Elle aurait pu se contenter d'un petit mot d'encouragement. « C'est bien. Continue. Je te souhaite bien du courage. » Enfin je ne sais pas, mais quelque chose de superficiel, une rencontre parmi les autres. Eh bien, pas du tout. Comme si elle avait saisi la profondeur des choses, comme si elle avait compris que le problème, ce n'était pas seulement que Jérémy s'épanouisse et fasse ce qu'il veut dans la vie, ou même qu'il devienne un « chanteur vedette ».

— Si ce n'était que ça, ça serait déjà bien.

— Oui, mais il y avait plus derrière ses mots. Ils étaient chargés d'une véritable écoute. Ça venait du fond du cœur. Elle est habituée à voir plein de gens, des foules. Mais elle a pris Jérémy à part. Plus rien d'autre ne comptait que lui quand elle lui parlait. Elle m'a dit aussi qu'il y aurait une ombre derrière nous.

— Comment ça, « une ombre » ?

— Qu'elle avait connu l'adversité au début de sa carrière, mais qu'il ne fallait jamais lâcher prise. C'est comme si Céline avait senti, je n'ose pas trop dire le mot parce que je ne voudrais pas qu'on interprète mal. Comme si elle avait reconnu que Jérémy avait vraiment une mission.

— La rencontre a été brève ?

— Penses-tu ! Elle nous a gardés une bonne demi-heure. Sa sœur, qui s'occupe des détails de ses spectacles, venait la chercher dans la loge en lui désignant le cadran de sa montre pour qu'elle monte sur scène. Céline repoussait le moment de partir. Je pense qu'elle était vraiment bien en compagnie de Jérémy.

Je me tais. J'ai ressenti à mon tour la même chose la première fois que je l'ai vu. Avec cet enfant, le temps n'a plus grande importance.

— Il y avait 5 000 personnes pour le spectacle et elle s'intéressait à lui. Ce n'était pas un autographe à la sauvette, c'était une vraie rencontre. La loge était toute baignée d'amour et de tendresse. Elle nous a encouragés à prendre contact si on avait besoin de quelque chose pour la carrière de Jérémy. Elle nous a répété qu'il ne fallait pas qu'on se gêne si on avait besoin de conseils. Qu'une grande chanteuse comme elle s'intéresse à un petit garçon comme lui, c'était extraordinaire.

— Elle s'intéressait vraiment à lui, reprend Steeve. Elle savait par exemple que Jérémy ne parlait pas encore à l'âge de 3 ans. Elle savait exactement ce que Sylvie avait déclaré dans les médias. Moi, c'est ça qui m'a frappé. Elle avait en tête des tas de petits détails. Le premier geste qu'elle a fait quand elle a vu l'enfant, c'est de s'abaisser vers lui et de se mettre à genoux, comme si elle voulait être à sa hauteur, puis elle l'a pris dans ses bras et a parlé avec lui. Elle était là, toute simple, avec sa robe rouge sexy, prenant Jérémy, le couvrant de baisers et l'appelant « mon amour ». « Je fais venir tous les magazines du Québec. Je connais toute ton histoire. Je sais tout ce que tu as fait. C'est extraordinaire. Je suis avec toi. On est tous derrière toi et on te supporte. De Las Vegas, on continue à t'écouter et on va suivre ton histoire. » J'ai vraiment eu l'impression qu'on faisait partie de sa famille. Comme nous l'a expliqué Patrick Angélil, elle ne reçoit jamais dans la loge où on était, juste sous la scène. Pas de journalistes, personne. Elle n'y invite que les proches… C'était un immense honneur qu'elle faisait à Jérémy.

— Et Jérémy a chanté pour elle…

— Quand Jérémy a chanté une chanson du répertoire de Céline, « Je ne vous oublie pas », c'était vraiment un moment très fort. Elle s'est mise à chanter avec lui. Un des derniers mots qu'elle a eus pour Jérémy, comme me le rapportait Sylvie :

« Tu es bien parti. Je ne suis pas inquiète pour toi. Continue de chanter. Continue de croire en tes rêves. Tu fais du bien aux gens. Tu fais du bien aux enfants et puis tu fais du bien aussi aux adultes. »

Je regarde Jérémy, qui a laissé tranquillement ses parents intervenir. À son tour :

— Et toi, Jérémy, dans tout ça, quels sont tes souvenirs de cette soirée merveilleuse ?

— Ça s'est très bien passé. Pendant le spectacle de Céline, ce que j'ai le plus aimé, c'était sa façon de bouger, de chanter avec tout son cœur. J'étais ravi de voir autant de danseurs et d'effets spéciaux. C'était tout à fait extraordinaire ! Il y avait d'immenses violons, des trompettes et même un piano avec des personnes dessus qui volaient dans les airs. J'ai vécu un grand moment de bonheur lorsque Céline a chanté « Je t'aime encore ». J'avais l'impression d'être au Québec quand j'ai entendu crier en français : « On t'aime Céline ! » Céline leur répondait : « Je vous aime aussi. » C'était tellement beau. J'avais l'impression qu'elle le disait pour moi. Moi, j'avais déjà eu la chance qu'elle me le chuchote à l'oreille. J'ai été content aussi quand les danseurs sont venus nous saluer. Pendant un numéro, ils étaient dans la foule. C'était formidable. René et Céline ont été très gentils avec nous. Ils nous ont placés au meilleur endroit, en avant de la scène, au centre de la salle. Tout ça c'était magnifique, mais le plus beau, c'était dans les coulisses.

— Quand tu l'as rencontrée personnellement ?

— Oui.

— Tu te souviens de ses mots ?

— Elle m'a tellement parlé que je ne me rappelle pas tout. Elle a commencé comme ça : « Alors
c'est toi qui chantes partout à la télévision fran-
çaise ? » J'étais très surpris et très ému de la voir.
Quand je l'ai rencontrée, j'ai vu qu'elle avait du
courage. J'ai ressenti qu'elle travaillait au nom de
l'amour.

— Qu'est-ce que ça veut dire ?

— Elle ne fait pas que chanter. Elle apporte aux
gens quelque chose de plus.

— Quoi ?

— Quand on est sortis de la salle, on avait le
cœur chaud. Nos cœurs étaient brûlés. J'ai pensé
que j'allais faire la même chose. Je vais chanter, et
puis j'espère que j'irai aussi haut qu'elle...

Troisième partie

Le voyage à Rome

17.

Un peuple avec Jérémy

« Après avoir chanté au Centre Bell et enregistré un disque, après avoir rencontré Saku
Koivu et Céline Dion, voilà qu'un autre des
rêves du petit Jérémy Gabriel est en voie de se réaliser, dit un présentateur de journal télévisé. Le
jeune garçon de 8 ans, atteint d'une surdité sévère à la naissance, devrait bientôt chanter devant
le pape. L'archevêque de Québec, Monseigneur le
Cardinal Marc Ouellet, a promis de l'aider pour
obtenir une rencontre avec Benoît XVI. »

Suite à sa performance au Centre Bell, Jérémy
renoue avec les photographes et les plateaux. Les
médias, désormais, prennent les devants et parient
sur la réalisation du rêve de Jérémy. Ses parents,
quant à eux, n'oublient pas sa sortie, un matin, à
propos de Benoît XVI : « Celui-là, je ne vais pas le
manquer. » Jérémy a écrit lui-même une lettre à
Monseigneur Ouellet, une lettre simple et naïve,
avec son écriture d'enfant :

Bonjour Monseigneur Ouellet,
Je rêve toujours de rencontrer le pape… J'aimerais
le rencontrer parce que moi, j'aime Jésus et il
m'aide beaucoup. Pour moi le pape Benoît XVI
représente Jésus. Je voudrais lui chanter « Je loue-
rai l'Éternel ». Je vous remercie.

Jérémy Gabriel. 8 ans.

Sylvie aussi a pris sa plus belle plume, sur la recommandation de Josée Turmel, animatrice du « Grand Journal » à Québec sur TQS. Son équipe a filmé une pièce de théâtre à l'école oraliste et a demandé au diocèse les démarches à effectuer :

Monseigneur Ouellet,

Malgré ses handicaps et sa surdité, Jérémy trouve
la force d'affronter ces défis que lui amène la vie.
Depuis son plus jeune âge, il est attiré et fasciné par
les cantiques religieux. Aussitôt qu'il a appris à par-
ler, et cela vers 3 ans, Jérémy avait un premier rêve,
celui de chanter dans le cadre d'une messe à
l'église. Aujourd'hui, c'est ce qu'il fait le plus pos-
sible lorsque sa santé le lui permet.
Mon fils est né avec des différences et plusieurs
défis à relever au niveau de sa santé, mais le Divin
lui a offert en échange un très beau cadeau, celui
d'avoir une voix prodigieuse. Jérémy a une surdité
sévère et il chante admirablement. Ressemblant à
un ange porteur d'un message d'amour, il garde
espoir de réaliser son deuxième plus grand rêve. En
effet, il voudrait avoir la chance de chanter devant

le pape Benoît XVI. Jérémy n'arrête pas de me dire qu'il va rencontrer le Saint-Père et que, lorsqu'il le verra, il lui chantera : « Je louerai l'Éternel ».

Étant donné que mon garçon a une vie éprouvante, j'ai été incapable de lui dire qu'il est impossible de voir sa Sainteté le Pape sans faire des démarches auprès de vous, Monseigneur, afin qu'il le rencontre personnellement. Jérémy a une immense foi et elle est plus grande que la mienne. Alors, pour lui, l'image est très claire dans sa tête et c'est pour cela que je vous demande si vous pouvez l'aider à réaliser ce grand rêve.

Pensez-vous, Monseigneur Ouellet, que vous pourriez organiser une rencontre avec votre ami le Saint-Père Benoît XVI lors de votre visite au Vatican au mois de mai 2006 prochain ?

La mère et l'enfant ont trouvé les mots justes.

La rencontre a lieu en décembre 2005. Le cardinal descend les marches de l'archevêché tandis que Jérémy entre dans le grand hall. L'homme d'Église l'accueille avec son bon sourire. Ils se serrent la main, longtemps et, oubliant le protocole, le cardinal s'assied avec lui sur les marches, oubliant presque la présence des caméras de télévision :

— Ce sera peut-être un miracle, mais il y a encore des miracles de nos jours…

De fait.

Il sait que le protocole pour rencontrer le pape est extrêmement codifié. Les demandes sont filtrées, triées, choisies, présentées au pape qui

175

prend le temps de la réflexion. Un tel souhait n'a jamais été formulé au cardinal, pas plus qu'un enfant n'a obtenu une audience privée en famille avec le pape pour chanter spécialement pour lui. Enfin, ce n'est pas tout à fait exact…

Quand Jérémy se met à chanter pour Monseigneur Ouellet, ce dernier est touché par sa voix, par la foi dont Jérémy rayonne et aussi par sa générosité. Ce soir, il chantera à l'école de cirque de Québec pour recueillir des fonds pour la fondation Sourdine et l'opération Enfant Soleil. Chantal Lacroix est là pour le soutenir, sa pédiatre aussi ainsi que le docteur Lucie Lessard et son audiologiste Louise Miller, l'animatrice du Téléthon d'Opération Enfant Soleil, Annie Brocoli, le double médaillé olympique Yves Laroche, puis plusieurs de ses médecins que nous avions invités pour les remercier de leurs soins pendant toutes ces années. Quand il voit son médecin, Jérémy, fidèle à lui-même :

— Ne t'inquiète pas pour moi, tout va bien. Je ne suis pas malade.

Jérémy est dans ses rêves, il ne veut plus entendre parler de sa condition. Monseigneur Ouellet, lui, ne veut pas décevoir Jérémy. Il ne promet rien, sinon qu'il fera tout ce qui est en son pouvoir pour aider le jeune garçon. Est évoquée la possibilité d'une rencontre en mai de l'année prochaine à Rome, ou bien en 2008, lorsque le pape viendra au Québec.

— Lorsque j'ai reçu votre lettre, dit-il à Sylvie, et ta lettre à toi, Jérémy, ça a été une vraie surprise.

J'ai pensé que nous allions faire notre possible pour pouvoir réaliser son rêve.

— Vous savez, Monseigneur, c'est formidable de nous accueillir comme vous le faites. Jérémy pense tous les jours à sa rencontre avec le Saint-Père.

— Et pourquoi veux-tu voir le pape, Jérémy ? demande l'homme d'Église à l'enfant.

— Le pape, c'est comme Jésus. Jésus m'a beaucoup aidé dans ma vie, lorsque j'ai eu des opérations. J'aimerais le remercier en chantant pour son représentant sur terre. J'aimerais lui chanter « Je louerai l'Éternel » parce que c'est un chant qui exprime tout l'amour qu'on a pour Dieu.

Lors d'une audience privée, le cardinal rencontre le pape à Rome et lui fait sa demande en direct, après avoir retracé le parcours exceptionnel de Jérémy. Moment de silence. Que va dire le Saint-Père ? Il se veut tout à tous mais il ne peut indéfiniment se diviser et rencontrer chacun de ses fidèles. Bien qu'il lui en coûte, il doit faire des choix. Le cardinal attend patiemment sa réponse.

— Faisons cela, répond le pape simplement. Faisons cela…

Le cardinal traverse l'Atlantique le cœur léger. En janvier 2006, la réponse officielle tombe. Jérémy n'attendra pas la visite du Saint-Père au Québec en 2008 qui, à ce moment-là, n'est pas confirmée. Comme dans son rêve, il s'envolera pour Rome, en mai, et rencontrera Benoît XVI dans le contexte de la bénédiction de l'Arche de la Nouvelle alliance, le symbole du 49ᵉ congrès eucharistique que le diocèse de Québec met en place. Elle traversera le Canada de long en large pendant deux années entières.

La famille Gabriel-Lavoie n'en revient pas. Tout s'est fait, ou semble s'être fait si facilement, alors que c'est un véritable exploit, un concours de circonstances incroyable. Jérémy se demande s'il rêve, ou si on lui fait une blague. Mais non. En toile de fond au journal télévisé, c'est bien sa photo avec, en arrière-plan, la basilique Saint-Pierre…

Les événements le dépassent. Jérémy est emporté dans un flot, à nouveau. Les journalistes sont confondus par son aplomb :

— Je savais que j'allais chanter pour le pape, déclare-t-il.

Oui. Mais il y a encore un problème à régler. Même en réduisant les frais au minimum, il faudra 5 000 dollars pour financer l'expédition. Les parents de Jérémy ne les ont pas. À un mois du voyage, Jérémy a mis une grande croix en bois au milieu de ses peluches dans sa valise, notamment la « grenouille-toutou » offerte par Céline Dion, un porte-bonheur dont il ne se sépare plus. Un moment, on se demande si on va pouvoir faire le voyage. Monseigneur Ouellet a eu beau lancer un appel, on ne récolte que 400 dollars. Il faut douze fois plus. Comme le cardinal s'est engagé, le diocèse prendra une part du voyage à sa charge. Mais comme la famille souhaite l'accompagner, il est normal qu'elle trouve elle-même une part des fonds. Elle s'y emploie. Reste le public... Quelle sera sa réaction ?

Mais les Canadiens n'en restent pas à des déclarations superficielles. Comme en démenti que leur engouement pour le petit garçon n'était qu'un phénomène passager, ils mettent la main au porte-monnaie. Leur générosité dépasse toutes les attentes. Les fonds sont réunis.

La famille n'ira pas seule pour ce voyage, qu'elle considère comme un pèlerinage et dont Jérémy sera comme le petit ambassadeur spirituel. Quatre personnes de la délégation diocésaine les accompagneront : sœur Doris, Jean Lortie, Clément Lafitte et Debra Violette. Dans leur cœur, ils emporteront le Québec et les prières de tout un peuple.

Quant à Jérémy, il imagine le scénario de sa prochaine rencontre avec le Saint-Père.

— Le pape est assis dans une grande chaise, déclare-t-il. Tous les évêques sont de chaque côté de lui. Et moi je chante à côté du pape...

Je disais qu'il n'était pas tout à fait exact qu'un enfant n'a jamais chanté pour le pape. Céline Dion avait 15 ans quand elle a, elle aussi, chanté pour Jean-Paul II...

Jérémy renouvellera l'exploit. À Rome, la date est arrêtée. Au début, il devait se produire devant

Benoît XVI le 13 mai. Finalement, ce sera le 11. Dans la vie de Jérémy, ce n'est pas n'importe quel jour.

Comme sa sœur Gaëlle, Jérémy a été baptisé un 11 mai…

18

Rome, de près

Québec-Montréal. Montréal-Munich. Munich-Rome. Douze heures de vol et arrivée le lundi 8 mai à l'aéroport de Fiumicino. Quand il met le pied pour la première fois sur le sol d'Italie, Jérémy est tout chamboulé. Il sent dans l'air de la Cité éternelle quelque chose de spécial, une « sainteté pure ». « Dieu est proche de moi. » Pour lui, c'est ce que ça veut dire et, encore une fois, ce sont ses mots. Ils sont du bon côté du fleuve qui coupe la ville en deux, sur la rive droite. Ils s'approchent du plus petit État du monde, qui contient son rêve le plus grand.

L'enfant n'a qu'une idée en tête : voir la sainte basilique, autrefois simple lieu commémoratif du martyre de Pierre. Rapide détour par l'hôtel Donatello, à proximité de la porta Maggiore. Un coup d'eau sur le museau, changement de vêtements.

Peu après, on est déjà au Vatican et il ne sent pas les effets du décalage horaire. Pas besoin d'être chrétien pour être subjugué par la majesté du lieu. Un coup de foudre la plupart du temps, un choc esthétique. Jérémy est chrétien, et c'est

un enfant naturellement porté à l'émerveillement.

Quand il se retrouve avec sa famille sur
l'immense parvis, il ne peut s'empêcher de s'excla-
mer : « C'est de la magie ! » Et des siècles de cons-
truction aussi. Son cœur bat la chamade. Il veut
tout voir, n'en finit plus de pivoter sur lui-même.
Il a le tournis devant tant de majesté. Partout, des
statues. Saint-Pierre de Rome l'accueille. Il est
enserré par les deux colonnades qui courent de
chaque côté de la place en faisant un demi-cercle
avant d'étendre loin leurs pinces jusqu'en bordure
du Tibre. Le Bernin, d'ailleurs, les avait conçues
en ce sens : deux immenses bras pour accueillir la
foule.

— Je suis enfin dans mon rêve, maman ! Ça faisait déjà un an que je savais tout ça avant tout le
monde. Et maintenant, on y est en famille.

— Je sais mon p'tit gars. Je sais…

En famille… Elle fait partie intégrante du projet. Pour les parents, il était capital que Gaëlle et
Alycia soient là aussi, tant pour elles que pour leur
frère. Dans la vie quotidienne, les enfants ne se
lâchent pas d'une semelle. Pourquoi en aurait-il
été autrement ? Et puis Gaëlle, qui comprend ce
qui se passe, brûle d'aller « donner un bisou au
pape ». Purs instants de bonheur. L'enfant
reprend :

— Enfin je suis content. Les gens vont me croire
lorsque je leur dirai des choses. Chanter pour le
pape, ça va travailler la foi du monde !

— Travailler la foi du monde ?
— Ça donnera l'exemple que tout est possible.

Sœur Doris et Debra connaissent bien Rome. Elles ont tout préparé de longue date pour que la famille profite à fond de son séjour. Elles se réjouissent de vivre la « dynamique » familiale. Les coups de téléphone se succèdent. Jean Lortie est littéralement « bombardé » d'appels. En une semaine, Jérémy fait quatorze fois la première page des journaux. Un véritable engouement autour de ce que Debra appelle « une folie ». Dieu se révèle aux cœurs purs, est-il écrit dans les Évangiles. Sœur Doris et Debra en sont convaincues. C'est cela qui touche d'abord chez Jérémy et qui explique le mieux le phénomène. Sa vie n'est pas faussée. « Ça sonne juste »... Ce sont leurs mots, cette fois.

Cette folie, pense Debra, se propage pour une autre raison. Ce n'est pas qu'une folie humaine. Ce n'est pas qu'un voyeurisme et l'envie de faire des images. Il y a derrière tout cela une recherche du savoir. Chacun a besoin, pour mener sa vie, de certitude... On cherche chez Jérémy ce qui touche à Dieu. On veut connaître son secret. Mais y en a-t-il vraiment un, sinon l'ouverture d'un cœur qui se laisse traverser ; qui dit, profondément, « oui » ?

En attendant, on se promène avec insouciance, on déambule en profitant de l'instant. De temps à autre, Jérémy répond à une question de Paul

Larocque, le journaliste de TVA qui les suit de
près et de Maxance Bilodeau de Radio Canada.
Quand il fait remarquer à Jérémy qu'il est déjà
célèbre ici, l'enfant rétorque : « Je ne suis pas une
vedette. Je n'ai pas la grosse tête. »

On passe des Lieux saints à ceux, profanes, qui
ont été les témoins de la gloire passée de l'Empire
romain. De ses exactions aussi. Jérémy découvre
un monde chargé d'histoire. À chaque coin de rue,
des pages oubliées qui ne demandent qu'à être
revisitées. Il aime les vieilles pierres, ces ruines
dont il recompose l'architecture en pensée, après
avoir fait ses recherches sur Internet pour préparer
son voyage. Pardon, son « pèlerinage ». Il y a la
spectaculaire fontaine de Trévi où il jette par-dessus son épaule, conformément à la tradition, un
sou dans l'eau, dans l'espoir, comme le veut la
légende, qu'il reviendra à Rome. Il y a le Colisée
aussi, avec son arène gigantesque et ses gradins,
qui pouvaient accueillir deux fois plus de spectateurs qu'au Centre Bell. Jérémy est plongé dans le
monde antique. Il le mélange aux aventures d'Astérix, qu'il aime tant, en fait un melting-pot à sa
façon. Il veut voir le trône de César, ou ce qu'il en
reste. Et son père lui fait une blague.

— Sais-tu qu'il y a des tigres par ici ?

— Des tigres ?

En lieu et place des fauves, ce sont des dizaines
de chats de gouttière qui hantent le Colisée.
Jérémy empoigne son père pour lui faire une prise
de taekwondo – Jérémy est ceinture verte.

Puis, de la surface, on passe au riche sous-sol romain. Les catacombes sous les églises et les absides le passionnent. Il parcourt les réseaux de galeries, s'arrête pensivement devant les tombeaux des martyrs, touche délicatement les autels de fortune où les chrétiens célébraient à l'insu des autorités le nouveau culte. Il regarde ses doigts, les frotte l'un contre l'autre.

— La religion chrétienne s'est répandue rapidement à Rome et dans le monde au Ier siècle, explique le guide aux visiteurs. Originale, elle prônait l'universalité mais surtout, par leur témoignage fervent, les chrétiens propageaient l'amour fraternel et incitaient à la charité envers tous les hommes. Les autorités civiles et le peuple romain furent tout d'abord indifférents, puis ils se montrèrent rapidement hostiles à la nouvelle religion.

— Pourquoi ? demande Jérémy.

— Parce que les chrétiens refusaient le culte de l'empereur et l'adoration des divinités païennes, mon bonhomme. Pour cette raison, les chrétiens furent accusés de manque de loyauté envers la patrie, d'athéisme, de haine envers le genre humain et de crimes. On les accusait entre autres horreurs d'infanticide et de cannibalisme. On les accusait même d'être la cause des calamités naturelles comme la peste, les inondations, les famines…

Jérémy continue la visite, impressionné. Se peut-il que des hommes aient déformé à ce point la religion d'amour à laquelle il croit ?

Le tour d'horizon continue. Vraisemblablement, la nouvelle de la future rencontre a déjà fait le tour de la ville. Une New-Yorkaise l'a reconnu et le serre dans ses bras.

Jérémy attend fébrilement la consécration de son séjour. Il s'isole aussi régulièrement pour chanter. Dès qu'il n'est pas pris par la beauté des sites, il pense à Benoît XVI. Son rêve se réalisera bientôt. À l'intérieur de son rêve, il rêve encore. Son rêve est mis en abyme et Jérémy s'endort, la veille de rencontrer le pape, le nez dans les étoiles…

Jeudi. Le compte à rebours est déclenché. Les aiguilles trottent dans sa tête. L'instant qui sépare Jérémy de la grande rencontre ne se compte plus en semaines ni en jours, mais en heures. Il est 9 h 50. Les enfants sont debout depuis l'aube. Dans la chambre d'hôtel, l'excitation est à son comble. On s'y est pris à l'avance. Dans deux heures quarante, Jérémy sera en présence du pape Benoît XVI. À 12 h 30, la famille obtiendra son audience et il chantera pour lui.

Mgr Ouellet, lui, a rendez-vous une heure avant pour la visite *ad limina* avec les autres évêques canadiens. Leur laissez-passer, c'est lui. Il leur fera franchir la barrière et les emmènera dans son véhicule de fonction.

On s'affaire. On se prépare et on craint d'être en retard. Pensez ! Rencontrer le pape. Tous les scénarios ont été envisagés pour que tout se déroule correctement…

Dans les locaux du Collège Canadien, proche de l'entrée que la famille empruntera, Charles Langlois, le recteur, consulte sa montre. C'est lui qui règle la visite *ad limina* et, au passage, il a pris l'affaire Jérémy en main et s'est arrangé directement pour les détails avec Mgr Ouellet. Mais on ne donne jamais rendez-vous à l'imprévu.

Hier, tous ont mangé avec le cardinal. Il leur a expliqué en détail la procédure, la disposition de la famille à côté des évêques, l'emplacement de l'Arche de la Nouvelle Alliance, celle de Jérémy. Tout cela dans une ambiance joyeuse et un peu électrique, celle qui précède les grands moments.

— Comment faut-il baiser la main du pape ? demande sœur Doris au cardinal.

Ce n'est pas un geste obligé, mais il est le signe de la reconnaissance de la paternité spirituelle du Saint-Père.

— Tout simplement, quand il vous tendra la main.

On a rendez-vous avec lui devant le collège. On piétine un peu, jusqu'au moment où le téléphone cellulaire de sœur Doris sonne.

Coup d'œil de sœur Doris à Charles Langlois, qui blêmit. C'est la première année qu'il occupe ses fonctions. Il s'est engagé pour assurer la logistique.

L'accès au Vatican est complexe. Le « laissez-passer » de la famille Gabriel-Lavoie attendra jusqu'à la dernière minute, mais pas plus. Après, à 11 h 30, il devra aller au rendez-vous qu'il a, avec les autres évêques du Québec, avec le pape. Impossible de revenir en arrière pour leur faire franchir la grille. Et impossible de le manquer, évidemment.

Sœur Doris agite les hypothèses. Il ne reste plus que soixante-dix minutes. Il faut prendre une décision.

— Qu'est-ce qu'on fait ? lui demande-t-elle.

— Le cardinal n'est pas arrivé ?

Sœur Doris regarde par la fenêtre.

— Non. En plus, ils ne connaissent pas Rome…

— Combien il faut de temps pour aller à l'hôtel ?

— Je ne sais pas. Un quart d'heure ?

— Alors plan B. Tu vas partir à leur rencontre. Je vais vous attendre avec le cardinal quand il arrivera.

Avec les tempêtes, les Canadiens sont habitués à prévoir plusieurs plans pour pallier l'imprévu.

— Va pour le plan B.

« Marie, passe devant ! » pense-t-elle. Au moment de filer à la rencontre des Gabriel-Lavoie, le téléphone cellulaire dans une main et le chapelet dans l'autre, deuxième coup de téléphone.

— Sœur Doris, on n'a toujours pas de taxi !

Personne ne parle l'italien. Sœur Doris, qui connaît quelques mots, anticipe.

— Passe-moi le gérant de l'hôtel, Steeve.

— *Pronto*.

Elle lui demande combien de temps il faut pour arriver, compte tenu des embouteillages. La circulation à Rome, c'est tout un poème. Difficile de prévoir. Elle comprend une quinzaine de minutes. Steeve reprend le téléphone.

— Alors ?

— Il faut quinze minutes pour arriver.

— On peut venir à pied.

Sœur Doris masque le combiné de la main et s'adresse à Charles Langlois :

— Ils veulent venir à pied !

— Dis-leur de ne pas bouger. On va les chercher. Surtout, qu'ils ne bougent pas !

— Ne bougez pas de là, Steeve. Je viens vous chercher.

Coup de chance. Une voiture est mise à disposition. Elle n'attend que cinq minutes et grimpe dans le véhicule qui l'emmène vers l'hôtel. Mais pas à vive allure. Manque de chance, un bouchon. Premier itinéraire de dégagement. Ça roule sur la longueur d'une rue et, au carrefour suivant, c'est pire. Ici, on n'est pas à ça près. Un coup de marche arrière et on reprend le chemin initial. Une minute perdue... Une minute de perdue ! Le temps s'égrène au rythme saccadé des doigts de sœur Doris sur son chapelet. Entre-temps, le taxi est arrivé. Ils ne le prennent pas. On vient les chercher.

Quand sœur Doris arrive à l'hôtel, il est 10 h 55.

— Vite, montez !

On enfourne tout le monde dans la voiture qui repart. Vu le temps qu'a mis Doris pour aller les chercher, ils ne seront pas de retour avant midi moins le quart. Leurs nerfs sont mis à rude épreuve.

De l'autre côté de la planète, c'est le petit matin au Québec. On suit en direct l'aventure, et les grands-parents de Jérémy, rivés au poste de télévision, apprennent déjà que leur petit-fils va peut-être louper son rendez-vous avec le Saint-Père.

Pendant ce temps, le chauffeur de Mgr Ouellet est arrivé. On consulte fébrilement les montres. Le cardinal prend son portable. Paul Larocque, le journaliste qui accompagne le groupe depuis le début et les fait profiter de sa connaissance de Rome, sent bien qu'il est nerveux.

— Où en êtes-vous ?

— On arriiive ! Monseigneur, dit sœur Doris, dans la foi…

Sylvie veut expliquer en trois mots la situation. Sœur Doris l'arrête. Le chauffeur hoche sèchement la tête. Il prend le problème au sérieux. Inutile de s'énerver, ça serait encore pire. Sœur Doris propose la seule solution qui reste. Dans la voiture, les oreilles du chauffeur résonnent du cantique que Jérémy va chanter. Remercier Dieu, en toutes circonstances. Si l'on est dans sa main, pourquoi s'inquiéter ? Mais on consulte un peu les montres. On passe un coup de téléphone à Charles Langlois, qui se ronge les sangs.

Et là, petit miracle.

La voiture ne met que vingt minutes pour aller au Vatican. Le chauffeur a opté pour un autre chemin. Ça leur a réussi. Des caméras de télévision sont déjà là.

— Où est Mgr Ouellet ? s'inquiète sœur Doris.

— Il a dû partir, leur apprend Charles Langlois. Il est avec Paul Larocque pour prendre un peu d'avance.

Et il prend la tête du cortège. À trois cents mètres de la Cité du Vatican, sur la droite, se trouve l'entrée. Après une cour intérieure, un chemin sinueux en pente monte vers le lieu de rendez-vous, ultraprotégé. On va tellement vite qu'on ne voit rien. Jérémy est calé à l'arrière, les yeux dans le vague. Il est concentré sur la rencontre et semble étranger à l'agitation qui règne dans l'habitacle. La voiture noire aux plaques numérologiques du Vatican se rapproche et fend en étrave les passages successifs, sans être inquiétée. Les gardes-suisses, qui sont en fait des militaires triés sur le volet, ont été prévenus.

On stoppe net.

— On y est ! dit sœur Doris.

On met pied sur la cour, de l'autre côté du bâtiment, où le pape apparaît pour la bénédiction *urbi et orbi*. C'est aussi là que sont ses appartements privés et qu'il recevra les Gabriel-Lavoie, dans la salle adjacente à la basilique Saint-Pierre, la salle Clémentine, dans le palais apostolique.

Jérémy passe entre deux gardes suisses. Il est au cœur du Vatican. Personne ne le sait, mais le pape a lui aussi un peu de retard.

19.

Le pape et l'enfant

L'ascenseur les conduit jusqu'au long couloir et à la porte Pie IX. Dans une antichambre, on entend des voix d'enfant. Tout le monde est soulagé. On pensait que la famille n'arriverait pas à l'heure mais elle est là, avec même un peu d'avance. Le chef du protocole, en redingote, prend Jérémy en charge.

Jérémy pénètre dans la grande salle privée, la salle Clémentine, où le pape reçoit habituellement les cardinaux. À l'intérieur du petit garçon, c'est la tempête, mais il fait preuve d'un grand sang-froid.

Tout de suite, le chef du protocole conduit l'enfant au micro où il va bientôt chanter, quand le pape aura béni l'Arche de la Nouvelle Alliance. Monseigneur Marc Ouellet se trouve derrière lui. La famille est installée près des évêques et des cardinaux, habillés de pied en cap en noir, soutane aux lisérés rouges qui s'accordent à la couleur de leur ceinture d'étoffe. Ils sont trente, répartis de chaque côté en U, autour de Benoît XVI. Gaëlle est dans les bras de son père et Alycia, la plus petite, dans ceux de sœur Doris. Sylvie regarde son enfant. Elle sent l'amour qui circule. Ses plus grands malheurs, elle le sait, se sont transformés. Ils sont devenus ses plus grands bonheurs.

Jérémy ne voit rien du décorum. Ni les plafonds hauts où sont peintes des scènes religieuses, ni les peintures aux armoiries du Vatican, ni les marbres rutilants qui conduisent au tapis où est le pape. Jérémy ne voit plus que lui, le Saint-Père, à huit mètres de lui. Il est le plus « grand représentant du Christ sur la terre », son bras droit. Combien de chrétiens rêvent de vivre le privilège extraordinaire qu'on a accordé à Jérémy ?

Le temps, lui, est resté à la porte comme s'il était un intrus. Il perd de son pouvoir.

Jérémy décolle.

Dans son cœur, il a un avant-goût du ciel. Il est en train de rencontrer Dieu. Il est dans une bulle de bien-être. Il ne s'en est jamais senti aussi proche. Il a le ciel à portée de main.

Le pape bénit l'Arche de la Nouvelle Alliance en français.

— Seigneur, daigne bénir cette arche et les icônes qui accompagneront ton peuple du Québec, et de tous les continents dans sa démarche préparatoire au 49ᵉ congrès eucharistique international au Québec en 2008.

Jérémy s'avance et se cale devant le micro et, devant le plus haut dignitaire de l'Église qui lui fait un signe, il donne de la voix. Elle retentit, cette voix d'or, avec plus d'intensité que jamais. Il y met tous les mercis qu'il voudrait offrir en bouquet au pape pour l'avoir reçu ici dans son chant. Il résonne, pur et cristallin, et Jérémy ne pense plus qu'à Jésus :

Je louerai l'Éternel
De tout mon cœur,
Je raconterai toutes tes merveilles, je chanterai
Ton Nom
Je louerai l'Éternel
De tout mon cœur,
Je ferai de Toi, le sujet de ma joie
Alléluia !...

Le Saint-Père n'a pas quitté Jérémy des yeux une seule seconde. Il lui a souri pendant tout le temps du chant.

Le bonheur est total. Chez les dignitaires, on a les yeux humides, notamment Monseigneur le Cardinal Turcotte, qui peine à retenir ses larmes. On fait avancer Jérémy vers le Saint-Père. Cinq mètres, quatre, deux... Il est tout proche de lui maintenant. Il se baisse pour lui baiser la main, mais le Saint-Père l'arrête. Il lui tend la main. Jérémy la saisit avec délicatesse. Ses traits paraissent durs à la télévision. Quand on l'a en face de soi, il n'en est rien. Le pape l'enveloppe de tendresse. Jérémy le voit à la prunelle de ses yeux.

Ils se regardent...

— Tu chantes bien, Jérémy, lui dit le pape en français.

La rencontre est brève. Qu'importe. L'intensité compense largement la durée de l'entretien. Pendant que le pape bénit Gaëlle et Alycia, Jérémy, lui, garde le silence.

Il est ailleurs.

L'enfant et le pape se parlent, autrement…

20.

Retour sur Rome

Il s'est passé presque deux ans depuis que Jérémy a réalisé son rêve, chanter pour le pape. De quoi se souvient-il aujourd'hui ? Que garde-t-il de tout cela ? Il m'a montré hier un écusson offert par les gardes suisses. Cela aussi est assez rare.

— Raconte-moi ce moment exceptionnel.

— On s'est regardés. J'aurais aimé monter sur ses genoux, mais il m'a pris la main et on est restés debout…

Un temps de silence avant qu'il ne reprenne.

— Quand il m'a pris la main, je n'étais plus là. Mon corps n'était plus là. C'est comme si mon esprit était sorti de mon corps. J'étais là, la bouche ouverte. Qu'est-ce que je fais là ?… Ça se peut pas que je sois là. Je suis dans le Vatican. Je n'étais pas supposé lui parler ?… Mais ça ne me venait pas. Je ne pouvais rien faire d'autre que d'être là. Je n'ai pas parlé, mais j'ai senti une parole qui est allée dans ma tête. « Tu chantes vraiment bien… »

Ses parents m'ont confirmé que le pape avait prononcé ces mots. Mais Jérémy ne les entendait pas clairement. Il les ressentait, comme par télépathie.

— C'était comme si je n'étais plus là, répète-t-il. Comme si j'étais dans un autre monde et que je me laissais guider par quelqu'un. Je ne pouvais plus répondre à aucune des questions. J'étais tellement ému que je ne pouvais plus parler, comme si j'étais aphone. Quand j'ai eu fini de chanter, je lui ai donné en main propre la lettre que j'avais écrite pour lui. Ça m'a beaucoup frappé.

— Qu'est-ce qu'il y avait dedans ?

— Ça, je ne peux pas le dire.

— Alors n'en parlons pas.

— Non. Je veux dire que je ne m'en souviens plus. Je dois l'avoir quelque part parce que je l'ai écrite à l'ordinateur.

— Et tu veux bien qu'on en fasse part dans le livre ?

— Bah oui, si tu veux.

Charlesbourg, le 6 mai 2006

Bonjour Votre Sainteté,
Je vous écris pour vous dire un GRAND merci parce que vous m'avez invité à Rome pour chanter pour vous.
Quand je pense à vous, je pense à Jésus. C'est un rêve pour moi de vous dire, vous le représentant de Jésus, merci d'être vivant !
C'est vraiment un grand honneur et surtout une grande joie pour moi d'aller chanter pour la bénédiction de l'Arche de la Nouvelle Alliance.

Merci de tout mon cœur pour votre amour et vos prières pour l'humanité.
Je vous aime et vous embrasse,

Jérémy Gabriel. 9 ans

— Une très belle lettre, Jérémy.

— Quand j'ai vu le pape, c'est comme si j'avais toute la misère du Québec dans mon dos et que je l'avais amenée avec moi pour la lui confier. Ma mère aussi a demandé au pape s'il voulait bien recevoir les prières de tout le Québec. Puis il a donné à tout le monde des chapelets.

Celui qui pend au mur.

— Pourquoi lui confier la misère ?

— Pour l'éliminer.

— Et après, Jérémy ?

— Eh bien je n'étais plus là. Je n'étais plus sur terre. J'étais au paradis. C'est comme si j'étais rendu au royaume de Dieu, et puis là, on m'a dit : « Calme-toi. Tu vas redescendre sur terre. » Et puis, à ce moment, je me suis calmé.

Il fait un geste des mains comme si une pression se relâchait. Il souffle l'air en faisant du bruit.

— Je suis sur terre ? Cool.

— Et après ?

— J'étais prêt à répondre aux questions des journalistes. Il y en avait plein qui attendaient sur la place Saint-Pierre. On me posait des tas de questions. On me disait que j'étais une star. J'ai répondu que j'étais un garçon comme les autres, bien ordinaire. Je n'avais pas envie de répondre aux questions, mais je me suis encouragé : « Tu te calmes. Tu vas répondre aux questions. Ça va bien aller. Tu ne vas pas dire n'importe quoi. » J'ai répondu aux questions mais je pensais : « C'est assez. J'ai assez vécu cette affaire. C'est fini maintenant ! »

— Eh bien justement. Ça, tout le monde l'a vu. Tout le monde le sait. Mais il y a encore des choses qui m'intriguent.

— Vas-y.

— Qu'est-ce que c'est, « être au paradis » ?

— C'est une question difficile… C'est comme ce que tu aurais vécu de plus beau sur terre. C'est comme si tu t'évanouissais mais que tu gardes les yeux ouverts. C'est comme si quelqu'un te remplaçait sur terre et que toi tu retournais au paradis. Être au paradis, c'est comme tomber dans les pommes avec les yeux ouverts. Et là tu te dis : « Tu te calmes. » On est… Je ne sais pas comment dire. On est heureux. Tu te vois tellement haut. Tu regardes ton corps et tu penses : « Qu'est-ce que tu fais sur terre ? » Tu as la tête dans les nuages. Mais moi j'entendais qu'on me disait quand j'étais là-haut de me calmer, que j'allais redescendre sur terre. Après avoir senti tout ça, j'étais détendu, détendu. De plus en plus détendu. Plus j'étais détendu et plus je descendais. Et après il y avait les journalistes et la pluie.

— Est-ce que tu avais déjà éprouvé ce que tu me décris maintenant, Jérémy ?

— Non. C'était la première fois. C'était plus beau que tout ce que j'ai vécu dans ma vie...

— Est-ce que tu t'es senti différent, après cette expérience ?

— Non. Je ne me suis pas senti différent. D'après moi on m'a appelé quelque part où je ne devais pas être d'habitude. Je me suis dit que j'avais du retard dans ma vie, mais qu'il fallait que je continue.

Est-ce parce que Jérémy fait l'expérience de sa petitesse, devant l'immensité ? Les hypothèses sont ouvertes.

— Au paradis, c'est comme si tout était fini. T'es heureux, c'est tout. C'est quelque chose que je n'avais jamais vu, mais je le reverrai un jour.

— Quand tu mourras ?

— Je ne sais pas. Peut-être avant. Quand j'aurai fait quelque chose de très beau. Quand j'aurai fait quelque chose d'extraordinaire que je voulais vivre et qui se passera. Peut-être que je revivrai cette émotion-là ? Je ne sais pas. Au paradis, tu es encore plus paisible que lorsque tu t'endors le soir après avoir fait tout ce que tu devais faire dans la journée. C'est comme si tu traversais un gros matelas moelleux. Avant de voir le pape, j'étais tout énervé. Imagine ! La personne la plus grande au monde ! Quand mon rêve de chanter pour le pape s'est réalisé, j'étais en paix.

— Tu ne t'es pas senti vide ?

— Au contraire. Je me sentais plein. J'ai envie de grandir pour me remplir encore plus. De plus en plus jusqu'à temps que tu exploses. C'est ça, le sens d'un rêve. Chaque fois que tu fais un rêve et que tu le réalises, tu grandis.

— Grandir ?...

— Oui. Pas grandir physiquement, mais en personnalité, en maturité.

Quatrième partie

Et après ?...

21.

Un cardinal sous le charme

En regard de toute l'attention dont Jérémy a été l'objet depuis quelques années et spécialement depuis son voyage à Rome, il me semblait indispensable de recueillir les propos de l'homme d'Église, de l'homme de foi. De l'homme qui a eu un coup de cœur et a rendu possible aussi la réalisation du plus grand rêve de Jérémy.

Monseigneur Ouellet a bien voulu me parler de Jérémy, de sa rencontre avec lui, à cœur ouvert.

— Monseigneur Ouellet, vous connaissez mieux que moi le phénomène qui se développe autour de Jérémy. Qu'est-ce que cela suscite chez vous comme réflexion ?

— Je crois que le plus important, c'est la signification de son témoignage. Il a beaucoup souffert à cause de ses multiples handicaps et il a été très soutenu par son entourage familial. Je pense aussi, pour avoir vécu des moments avec lui, qu'il a été soutenu par sa foi.

— C'est central selon vous, chez lui ?

— Son expérience spirituelle est en effet très singulière. C'est ce qui lui a valu d'être écouté, et puis probablement la force de son message. Les enfants sont en eux-mêmes un message. Ils ont un rôle primordial à jouer dans le monde parce qu'ils nous touchent spontanément. À plus forte raison quand un enfant est affecté d'un handicap comme le sien et qu'il ose rêver, ose demander de l'aide pour ce qu'il appelle « ses rêves ». C'est aussi pour cela que je crois que Jérémy a un rôle à jouer.

— Justement, Monseigneur, que pensez-vous de ses rêves ?

— Ils font partie de cette expérience spirituelle. Dans ce que Jérémy a vécu, il y a comme un appel à aller vers les autres, à remercier Jésus. Quand je l'ai rencontré avant que nous organisions son voyage à Rome, il voulait chanter pour le pape parce qu'il aimait Jésus et voulait le remercier pour l'avoir aidé dans tout ce qu'il avait dû traverser. Le chant qu'il a choisi n'est pas anodin. « Je louerai l'Éternel », une façon de rendre gloire à Dieu. Pour quelqu'un qui a une sensibilité religieuse, ces motivations-là sont profondes.

— Personnellement, cela m'a frappé. J'y ai vu une attitude authentique. Je voyais Jérémy répondre aux questions des journalistes qui, parfois, voulaient lui faire dire autre chose, il revenait toujours à son petit message.

C'est l'expérience que j'en ai eue au cours de nos entretiens. Revenir à l'essentiel…

— Cette façon qu'il a de revenir à la foi est particulièrement émouvante pour moi. Jérémy est un messager d'espérance. Il est un signe d'espérance pour les enfants, les enfants handicapés et leur famille. Quand on le voit tout fragile, on pourrait être tenté de lui dire de se tenir tranquille. Lui nous pousse toujours plus loin. Il emmène sa famille à Rome, qui se retrouve au premier plan de l'actualité. Je crois que Jérémy est une bonne nouvelle d'abord pour sa famille à lui. C'était une chance pour eux de vivre cette aventure spirituelle extraordinaire. Nous avons tellement besoin de ces signes, comme des petits miracles qui nous confirment qu'il y a une autre dimension dans l'existence. De cela, Jérémy est un témoin.

— Pour Jérémy, un des plus grands bonheurs, c'est justement sa famille.

— Oui. Je crois qu'il y a une communion profonde entre l'enfant et sa mère. C'est indubitable. Personnellement, je n'ai pas les moyens d'en mesurer toutes les facettes, mais il me semble qu'il y a là une relation authentique et en même temps respectueuse. Il y a un équilibre dans cette famille, avec le père qui est un homme à la fois d'une grande tranquillité et tout à fait dévoué à sa tâche, à ses responsabilités. Il est très concret dans les soins qu'il apporte à ses enfants, car il faut penser aussi aux deux petites sœurs de Jérémy. Il y a en tout cas une profondeur dans tous les membres de la famille.

— Je vous le confirme.

— Pourtant, j'imagine que ce n'est pas si simple de vivre dans une sorte de tourmente médiatique. Car on est toujours tenté de s'intéresser au sensationnel, mais il faut l'accepter, cela fait partie d'une aventure comme celle-là. Au total, je pense que chacun continue à vivre ce qu'il doit vivre.

— Que pensez-vous des visions de Jérémy ?

— On présente cela comme un rêve. Lui-même me rapportait qu'il s'était vu sur les genoux du Saint-Père. Je vois là davantage une représentation psychologique qu'une vision à proprement parler. J'y vois le désir d'être proche du Saint-Père, dans une relation affective. Je ne mettrais pas ça sur le compte d'une expérience surnaturelle très caractérisée. Mais bien que je place ces rêves dans l'ordre de la représentation, je ne leur enlève pas leur dimension spirituelle. Pour parler très clairement, je ne pense pas qu'il y ait là des ordres du ciel. D'ailleurs, lorsque Jérémy a rencontré Benoît XVI, il ne s'est pas assis sur ses genoux. Ils étaient debout, face à face. Le Saint-Père l'a pris contre lui pour lui signifier son affection. Tout est passé dans un jeu de regards. C'était déjà extraordinaire qu'un enfant arrive jusque-là.

— Comment s'est produite votre rencontre avec l'enfant ?

— Quand j'ai reçu sa lettre, en octobre ou novembre 2005, ça m'a évidemment intrigué. On m'a raconté son histoire au Centre Bell. Je me suis dit que j'inviterais la famille, pour voir de quoi il retournait. À ce moment, je n'ai fait aucune promesse concernant la visite à Rome. Ce n'était pas évident que le pape accepte d'inviter l'enfant et sa famille. Puis je l'ai entendu chanter…

— Et alors ?

— Pour tout vous dire, j'étais ému. J'ai tout de suite senti la portée de son être, ses qualités vocales qui sont belles. Dans son chant, j'ai senti qu'il portait un message dans son cœur, et qu'il le faisait passer. Cela m'a paru important.

— Il est aussi question d'une visite des évêques à Rome.

— Absolument. Les évêques du Québec devaient profiter de leur visite *ad limina* pour demander au pape de bénir une arche d'alliance fabriquée au Québec. C'était l'occasion rêvée pour chanter devant le pape.

— Un concours de circonstances pour le moins heureux, comme souvent avec Jérémy.

— Oui. Dans le cadre d'un congrès eucharistique, ça n'aurait pas été possible. Je n'aurais pas pu l'emmener avec moi à la réunion des évêques. Mais là, les choses pouvaient très bien se combiner. Avoir une délégation à Rome qui accompagne les évêques et qui représente le peuple de Dieu un peu plus largement dans sa diversité, avec un enfant et sa famille, avoir un rituel de bénédiction où il chanterait, tout cela devenait possible.

— Et c'est ce qui s'est produit...

— La présence de Jérémy a beaucoup attiré l'attention sur l'arche d'alliance, cet objet qui a fait aujourd'hui le tour du Canada. Cela nous a semblé à moi et à ceux qui m'entourent un événement providentiel, une aide du ciel pour un projet spirituel. C'est un peu la réflexion que je peux vous livrer sur le sens de la présence de Jérémy. Au total, c'était un don du ciel que cet enfant occupe cette place parmi nous, dans ce projet. Vous savez, j'ai réalisé après coup que son nom n'était pas anodin, Jérémy. Au chapitre 31 verset 31 du livre de Jérémie, vous avez la prophétie de la nouvelle alliance. Quant à l'ange Gabriel, c'est celui qui a porté à Marie la nouvelle qu'elle serait la mère du messie. Au fur et à mesure que l'aventure prenait corps, j'ai réalisé que ses nom et prénom eux-mêmes étaient une prophétie. Cet enfant-là, dans sa fragilité, était un petit prophète qui nous était envoyé pour porter un message à la fois simple et extraordinaire à beaucoup de gens. Actuellement, je fais le tour du monde pour rencontrer des évêques qui se rassemblent de par le monde entier, donner des conférences et inviter à notre congrès eucharistique international, un des sommets de l'activité de notre Église puisqu'elle doit rassembler des dizaines de milliers de fidèles pendant une semaine. Parfois, j'ai eu l'occasion de raconter l'histoire de Jérémy. Eh bien, c'est son histoire, force est de le constater, qui touche le plus les cœurs. Dans la longue préparation de ce congrès, cet enfant a été comme un clin d'œil venu d'en haut et qui nous dit : « je suis avec toi ». Jérémy est comme un petit ange du ciel venu donner un coup de main. Il est un encouragement pour aider ceux qui se sont engagés dans ce projet de grande dimension.

— « Petit prophète ». Le terme est fort, Monseigneur.

— C'est ce que j'ai personnellement perçu. Moi et d'autres d'ailleurs. J'ai ressenti la contribution de Jérémy à l'Arche d'Alliance et au congrès eucharistique comme une aide du ciel. Je ne dis pas que le ciel lui a donné une vision et que j'ai suivi sa vision, non. Mais cet enfant, dans sa petite expérience spirituelle, a eu un désir à la fois humain et divin, qui l'a fait connaître. Nous avons examiné la situation d'une façon rationnelle, mais avec un esprit de foi, et il nous a aidés. Les choses se sont avérées faisables.

— Dieu a bien fait les choses...

— Jérémy a été un instrument. Quand, avec du recul, on relit les événements, on s'aperçoit que Dieu était davantage avec nous que nous ne le pensions.

— Je comprends.

— Il ne s'agit pas de partir sur des interprétations ésotériques et de faire de Jérémy une espèce d'oracle. Nous ferions fausse route. Mais il est évident qu'il y a eu une conjoncture favorable et que l'aventure spirituelle de Jérémy et de sa famille a pu avoir lieu. Maintenant, il est sûr qu'il ne faut pas interpréter toutes les idées qui passent par la tête de Jérémy comme des projets à systématiquement réaliser. L'important est qu'il continue maintenant à dire merci à Dieu tous les jours pour lui avoir permis de survivre, d'une part, et aussi pour tout ce qu'il lui a permis d'accomplir comme instrument de l'amour de Dieu.

Cultiver la prière personnelle...

— Oui. Jérémy est plus mûr que les enfants de son âge parce qu'il a souffert. C'est pour cela qu'il est très réfléchi et qu'il a beaucoup d'aplomb. Il a un don en lui qui je crois vient de Dieu. Il faut qu'il continue à s'appuyer sur lui pour que Dieu lui donne du courage. J'espère qu'il n'abandonnera jamais la lutte. La visibilité qu'il a sur la scène médiatique n'est pas son trésor.

— Vous pensez que cela peut être un danger pour sa vie intérieure ?

— Je ne dis pas cela. Il faut qu'il garde un équilibre pour privilégier sa vie de foi. C'est elle qui l'a amené là où il en est, je pense. Peut-être qu'il faudra qu'il renonce à toute apparition publique, je ne le sais pas, pour garder ce trésor. En tout cas, il faut qu'il soit prêt à y renoncer si nécessaire. Vous savez, je repense à la dimension du témoignage de Jérémy. J'ai vu des enfants qui étaient émerveillés par lui.

Je confirme. Alors que nous allions manger dans un restaurant en famille, une petite fille, toute timide, n'arrêtait pas de le regarder, jusqu'à ce que sa maman lui prenne la main et l'approche de Jérémy. Il l'a embrassée. Elle était tout sourires. Et il lui a signé un petit autographe.

— Pour les enfants, poursuit Mgr Ouellet, Jérémy est un signe. J'ai vu des enfants consolés par ce qu'il a fait, par ses multiples actions. Ça, c'est très impressionnant de voir qu'il touche le cœur des enfants. Avec Jérémy, nous avons l'exemple d'un petit garçon qui, malgré les difficultés infligées par la vie, porte un message extraordinaire. Qu'il fasse fructifier, pour lui et pour les autres, ce trésor.

22.

Zones de turbulences

Tout s'accélère. Les événements prennent de l'ampleur et Sylvie recherche à présent un manager pour lancer la carrière de Jérémy. Sylvie se réjouit de la rencontre de Robert Doyon. À la fin de leur entretien, elle sait qu'il est la bonne personne pour Jérémy : « C'est lui le monsieur qui va m'amener là où je veux aller ! » Cela débouchera sur un disque.

J'ai rencontré Robert Doyon, qui était l'agent de monsieur Pointu, un des musiciens de Gilbert Bécaud. Robert est lui-même musicien. Lorsqu'il entend parler de Jérémy, du Centre Bell, de Céline Dion, du pape, il se dit qu'il se passe quelque chose.

— On s'est vus une première fois en avril 2006. Sylvie m'a contacté parce qu'elle avait besoin d'aide, m'explique-t-il. Elle m'a invité chez eux. Je suis arrivé peu de temps avant que Jérémy ne rentre de l'école. La première image que j'ai eue de lui est celle d'un enfant qui court dans toutes les pièces derrière sa sœur en riant, comme un enfant absolument normal. Sylvie m'a présenté à lui. La première question que je lui ai posée est de savoir ce qu'il voulait faire dans la vie. Il s'est arrêté de courir. « Chanter », m'a-t-il répondu. Et il est reparti courir un instant. « Pourquoi tu veux chanter ? — Parce que j'ai un message à donner. — Quel message ? — Je veux chanter pour les gens tristes. Je veux rendre les gens heureux. » Il m'a expliqué que, s'il pouvait chanter aujourd'hui, c'était parce que Jésus l'avait aidé. « Si j'avais pas eu Jésus, je ne serais plus sur terre. S'il m'a aidé, je pense qu'il pourrait aider beaucoup d'autres gens dans la vie. » Jérémy aime beaucoup lire. Pas seulement des bandes dessinées. Il lit souvent la Bible et il est très intéressé par les religions. Il m'a encore expliqué qu'il voulait chanter pour les gens malades et aussi dans les pays où il n'y avait pas de religion. J'ai trouvé ça spécial pour un enfant de 9 ans d'avoir des paroles aussi logiques. Il a passé beaucoup de temps avec les médecins et les adultes. Il parle un français impeccable.

— Qu'est-ce qui t'a touché chez lui ?

— Quand on côtoie cet enfant-là, on réalise à quel point il est sincère. Quand Jérémy chante, beaucoup de gens comparent sa voix à celle d'un ange. C'est une image, bien sûr. Il n'y a pas de malice en lui. Il est incapable de faire du mal. Qu'importe où il va, qui il rencontre. Il est toujours égal à lui-même, toujours heureux. Rien que lorsqu'il te dit bonjour, il a une telle façon de te regarder dans les yeux qu'on ressent une pureté. Quand une journaliste lui a demandé une fois ce qu'il ressentait avant une opération, il a répondu qu'il n'avait pas peur, que c'était les médecins qui avaient peur. C'est bizarre à dire, mais je crois que Dieu nous a envoyé cet enfant. Je crois que la destinée est là. Il a chanté pour moi. J'ai été très touché.

— Que penses-tu, en tant que professionnel, de ses qualités vocales ?

— Il y a quelque chose de très spécial qui se passe quand il chante. Je n'ai pas encore vu de gens qui ne soient pas touchés quand il prend le micro. Ses yeux s'illuminent quand il monte sur scène. Quand on y réfléchit, pourquoi le pape l'a-t-il reçu ? Lui aussi a été ému. Jérémy a énormément progressé depuis ses débuts. Ses qualités vocales s'affinent. Jérémy a un vrai talent. Il ne se prend pas au sérieux, mais il prend au sérieux ce qu'il fait. On a beaucoup travaillé depuis un an.

— Là encore, sa maturité… Pourquoi as-tu tenu à être son manager ?

— Les parents de Jérémy me l'ont demandé. Le petit avait envie de faire un second disque. Je pense que la vie nous mène, nous pousse vers les personnes qu'on doit rencontrer. Je suis musicien avant tout. J'ai commencé dans cette carrière comme musicien bassiste, chanteur, puis compositeur. Avec le temps, je suis devenu agent. Bizarrement, j'ai découvert Jérémy par l'entremise du concours « Les découvertes de M. Pointu ». Il n'était pas encore décédé quand nous avons fait le disque « Comme un papillon », peu de temps après la rencontre de Jérémy avec le Saint-Père. M. Pointu était déjà en fin de vie à ce moment-là. Il l'a écouté et m'a dit : « Tu vois, Robert, la vie est extraordinaire. Je m'en vais et Jérémy arrive. Je suis tellement content que cet enfant-là soit tombé entre tes mains. Je sais que tu vas en prendre soin. » Il y a une autre raison aussi. Je sais ce que les Gabriel-Lavoie peuvent traverser car nous aussi nous avons un enfant atteint d'une malformation à la naissance. Il a un « spina-bifida ».

— Robert, j'aimerais revenir sur un épisode douloureux qui a suivi Rome et la rencontre du pape. Lorsque Sylvie a rencontré Céline Dion, la chanteuse l'a avertie qu'il y aurait une « ombre derrière eux ». Et, de fait, la sortie du second album de Jérémy ne s'est pas faite sans mal.

— Céline ne croyait pas si bien dire. La sortie ne s'est pas faite du tout. Elle était prévue en juin, quelques semaines après son retour, et nous avons voulu le lancer au Centre Bell, pour les raisons que tu sais. Tous les médias étaient là. Jusqu'au lancement, tout se passait de façon extraordinaire. Mais nous n'en avons distribué que quelques-uns, c'est tout. Nous pensions que cet album, après le pape, c'était comme un beau souvenir et le prolongement du pèlerinage à Rome. On ne pensait rien faire de grandiose, juste un petit album de souvenirs avec « Je louerai l'Éternel » et aussi

« L'oiseau », popularisé par René Simard. Jérémy tenait à rendre hommage à René, qu'il aime beaucoup et dont les deux enfants sont sourds également. Beaucoup de gens bien placés étaient prêts à nous aider au Canada. Nous avons enregistré, mis le disque sous presse. Tout était prêt. Il était prévu de reverser une partie des fonds à la Fondation Maurice-Tanguay par l'entremise de la Fondation Jérémy Gabriel, que Sylvie avait créée pour venir en aide aux enfants handicapés. Mais certaines personnes nous ont accusés, pas seulement moi d'ailleurs, mais même sa propre famille, d'être des requins et de vouloir faire du fric sur le dos de l'enfant. On a commencé à se moquer de l'apparence de Jérémy, à mettre ses qualités vocales en doute, à faire des déclarations humiliantes, à bafouer la mère et le petit.

— J'ai lu les articles et j'ai vu quelques caricatures, mais je n'ai pas envie de laisser place dans ce livre à la médisance.

— Céline avait vu juste. Quand tu veux te lancer dans un projet positif, il y a des gens qui veulent absolument qu'il y ait une raison obscure et négative derrière. Notre but n'était pas de faire de l'argent. D'ailleurs, nous en avons perdu dans cette affaire. Si ça s'était arrêté là, ça irait encore. Je passe sur toutes les méchancetés qu'ont pu entendre les parents… Ça m'a tellement écœuré que j'ai décidé de tout arrêter, à perte. Soyons clairs. Si Jérémy fait une carrière professionnelle, tant mieux. S'il gagne de l'argent grâce à son talent et à rien d'autre, qu'y a-t-il à redire à ça ? Il ne devrait pas gagner sa vie au prétexte qu'il est handicapé ?

Il me paraît évident que ces adultes autour de Jérémy ne sont pas mal intentionnés. Si ça avait été le cas, je ne me serais pas engagé dans ce livre, et d'ailleurs, il n'y a rien à prouver. Quant à Jérémy, il ne me paraît pas être une proie entre les mains de ses parents ou de Robert. Peut-être est-ce là le point de départ d'un combat d'une autre nature, spirituel ?

— En aucun cas il ne s'agit de mettre Jérémy en péril. Nous n'avons pas envie qu'il soit l'objet d'agressions. S'il faut attendre, nous attendrons et il continuera sa vie d'enfant. Je ne comprends pas ce besoin de tout noircir. Tout ça, avec un peu de recul, n'a pas de sens.

— Mais n'était-ce pas un peu dommage de tout arrêter alors que ça marchait si bien ? Vous allez abandonner ?

— Non. J'y ai cru et j'y crois encore. Tu sais, lorsque j'ai quitté les Gabriel-Lavoie après notre rencontre, le 23 avril, j'ai pleuré une bonne partie de la route entre Charlesbourg et La Plaine. J'ai ressenti toute la peine que Sylvie avait au fond de son cœur, la même que j'ai éprouvée il y a vingt-cinq ans. Les enfants ont tant à offrir au monde. Et puis je crois dans le talent de Jérémy. Je crois qu'il va faire une belle carrière. Il va continuer à faire son bonhomme de chemin. C'est courageux que tu veuilles faire un livre sur Jérémy dans ce contexte.

J'espère que ça aidera les gens à y voir plus clair, car rien n'est trouble dans cette affaire. Nous sommes des gens honnêtes. Nous allons attendre et laisser retomber la poussière. Nous allons laisser faire la vie et je pense qu'elle nous rendra justice. Personne n'a jamais forcé Jérémy à chanter ou à faire quoi que ce soit. Nous sommes juste là pour l'épauler. Au départ de tout, il y a son désir et ses rêves...

23.

« *Évangélisation 2000* »

Jérémy a été invité plusieurs fois à « Évangélisation 2000 ». Le titre l'annonce assez, l'émission sur TVA est spirituelle. Voici quelques
extraits de l'entrevue avec Robert Jolicœur, le prêtre animateur :

— Alors toi, Sylvie, tu as un fils qui t'en a fait
voir de toutes les couleurs. Avec lui, tu as vécu de
beaux moments. Est-ce que tu pourrais parler un
peu de ces événements ?

— Je me souviens qu'un jour Jérémy devait se
faire opérer à l'hôpital Sainte-Justine à Montréal.
Il y avait d'autres enfants qui devaient se faire opérer mais lui, c'était le lendemain. Il comprenait
l'inquiétude des parents. Il s'est mis à chanter. Il y
avait toutes les infirmières autour et les parents. Il
y avait des enfants qui pleuraient. Les gens se sen-
taient apaisés. Une dame est venue me voir et m'a
dit : « Mon bébé pleure depuis ce matin. Je ne suis
pas capable de le consoler. » Quand Jérémy s'est
mis à chanter, l'enfant a complètement arrêté de
pleurer.

— Déjà le « petit prophète » touchait les cœurs.

— Les parents venaient lui faire des câlins et témoignaient combien cela leur faisait du bien. C'était un beau moment. Je savais que Jérémy avait une sorte de mission d'amour auprès des gens.

— Depuis des années vous avez vécu de beaux rêves. Vous êtes allés entre autres à Las Vegas pour rencontrer Céline Dion. Vous êtes allés à Rome pour visiter Benoît XVI. Vous êtes allés au Centre Bell. En reste-t-il des rêves ?

Jérémy se déplie. Il a l'air de sortir d'une boîte à surprise.

— Eh bien il en reste des tonnes !

— Parle-nous-en, de tes tonnes de rêves.

— Je vais aller chanter pour les Panthers en Floride. Je vais être porte-parole pour l'hôpital pour enfants Jo Di Maggio en Floride aussi.

— On est fiers de toi, Jérémy. Dans quelques heures, ce sera Noël. C'est la fête de quoi, ou de qui, pour toi ?

— Premièrement, c'est Jésus qui est né. C'est comme une étoile qui est née, une étoile géante qui invite tout le monde à venir à l'étable. C'est la fête pour dire que Jésus est là, que le Christ est venu sur terre pour sauver le monde.

— Qu'est-ce que tu voudrais dire aux petits enfants qui sont dans la peine, dans le monde ?

— Ce que j'aimerais, c'est qu'ils aient une famille.

— Parce que c'est le plus beau cadeau ?

— Bah oui !

— Jérémy, est-ce que tu voudrais, en cette veille de Noël, adresser à ton ami Jésus une prière ?

— Je voudrais que toutes les familles sur terre fêtent Noël, qu'elles soient heureuses.

— Et quelle est la plus belle étoile qui pourrait s'allumer ce soir dans le cœur des enfants qui sont peut-être seuls ?

— C'est la grande étoile qui, il y a deux mille ans, s'est allumée pour dire : « Venez à l'étable. »

— La nuit de Noël, Marie et Joseph avaient rêvé de donner naissance à un enfant dans un beau petit berceau. Tu vois, Sylvie, il est né sur la paille. C'était le rêve de Dieu. Toi tu avais rêvé d'avoir un enfant parfait et puis il t'a donné un enfant qui fait ta joie.

— Jérémy me fait toujours rire. Sa foi m'émerveille beaucoup.

— De quoi est-ce que tu rêves en cette veille de Noël, Jérémy ?

— Je rêve que tous les enfants du monde réalisent leurs rêves.

Cette série d'interviews finit par un point d'orgue. Jérémy, pour le onzième anniversaire d'« Évangélisation 2000 », entre dans le programme, quatre heures de spectacle avec discours, chants… Il se produit sur la scène centrale du Colisée Pepsi de Québec, devant plus de 10 000 croyants…

24.

Un cœur à la dimension du monde

E t après tout cela ? La vie, tout simplement, continue. Pas tout à fait pareil, c'est vrai. Depuis son retour de Rome, Jérémy ne sait pas comment le définir, mais il se sent « entrer dans autre chose ».

Il prie plus intensément aussi depuis sa rencontre avec Benoît XVI.

En attendant, il a hâte de rentrer chez lui et de jouer avec ses petites sœurs. Il a envie de retrouver son lit et de se remettre du décalage horaire. Son rêve est réalisé. Il est soulagé. Droit devant. Dans l'avion qui les ramène sur le continent américain, Jérémy est souvent interpellé par d'autres voyageurs. Des gens de l'Alberta rentrent de voyage, d'autres de Terre-Neuve, d'autres de la Nouvelle-Écosse. Ils ont vu le reportage. Aux quatre coins du Canada, on le connaît. On a envie de lui serrer la main, de l'embrasser, de lui dire un petit mot. De passer du temps avec lui. Jérémy, toujours patient, se prête au jeu.

Et après ?...

Il a la chance de rencontrer René Simard, un moment de télévision extrêmement drôle où Jérémy revient sur l'événement et décrit son épopée à grand renfort de gestes. L'animatrice France Beaudoin lui offre une photo de Saku Koivu dédicacée. Le capitaine des Canadiens sait qu'il l'a emmenée avec lui à Rome, dans son cœur.

Sur le site Internet que la famille a créé, les témoignages de soutien affluent de partout. Il y en a eu avant, pendant et après le pèlerinage. Dans tout le Canada, on se passionne pour l'histoire de Jérémy. Les témoignages affluent et la boîte mail est archipleine. Beaucoup de compatriotes, de 7 à 77 ans et d'un bout à l'autre du pays, sont allés à Rome à travers lui.

Des compatriotes, et des frères et sœurs. De tout âge, mais aussi de toutes conditions et même parfois d'autres confessions. J'ai choisi ces quelques lettres, parmi tant d'autres, parce qu'elles montrent à quel point Jérémy rayonne. Parce qu'elles sont le signe qu'un petit geste peut avoir des conséquences insoupçonnées...

Le fameux effet papillon. J'allais presque oublier que Jérémy a fait un second disque, grâce au soutien de Robert, son agent, touché comme tant d'autres par son cheminement. Douze titres. Des chansons d'enfant, religieuses et profanes, car il veut chanter de tout.

« Comme un papillon »...

Ce voyage au Vatican lui a gagné de nouveaux amis, comme il les appelle, des hommes et des femmes qui se retrouvent dans son combat contre le handicap, et dans sa « philosophie » de la vie.

La première lettre, d'une grand-mère :

Je te souhaite le plus merveilleux voyage et le plus grand succès auprès de sa Sainteté le pape Benoît XVI. Vraiment, je te trouve chanceux et surtout, combien tu le mérites ! Je salue également ton courage, ta ténacité, celle de tes parents et je t'embrasse bien fort. J'ai 73 ans et je demeure en banlieue de Vancouver. Je ne manque jamais les émissions d'« Évangélisation 2000 ». J'apprécie beaucoup lorsque tu y chantes. Tu as une voix d'ange.

Fais de gros bisous à tes parents pour moi et surtout prie pour moi si tu as le temps, pendant ton voyage à Rome. Je suis malade et j'ai perdu une jambe à cause du diabète voici maintenant trois ans. De te voir aussi courageux, ça me donne également la force de tout surmonter.

Encore merci d'être ce que tu es. Tu es vraiment un grand exemple pour chacun de nous.

H.

La seconde, d'un père rédemptoriste :

À chaque fois que je te vois à la TV, j'ai envie de pleurer tellement je vois ton cœur d'enfant qui s'émerveille de la vie. Suis ton étoile, mon petit Jérémy. Elle te conduira loin, cette étoile. Je suis heureux de voir que tu réalises tes rêves, dont celui de chanter pour le pape à Rome. Si tu passes par

chez nous, tu es toujours le bienvenu. Je te serre
bien fort dans mes bras et je te bénis, toi et ta mère
et ta famille.
Surtout n'oublie pas ton étoile, ton éternelle
Étoile.

Père J.

La troisième, d'une personne atteinte de maladie psychique :

Je tiens à te dire que tu es un petit bonhomme qui
possède une âme magnifique. Entendre ta voix,
connaître ton courage, partager tes rêves sont pour
moi une chance unique de découvrir un être d'une
grande luminosité. Tu n'inspires pas que les petits
enfants qui rêvent d'un avenir meilleur mais aussi
de grandes personnes qui, comme moi, vivent avec
la différence (moi, c'est un problème de santé men-
tale), mais qui, lorsqu'elles te regardent, se disent
que la vie ne peut que nous apporter le meilleur de
ce qu'on veut qu'elle nous donne.
Tu vas bientôt vivre une expérience inoubliable et
je souhaite que pour toi, cela soit encore une fois
une chance pour que ton âme grandisse et que la
lumière t'illumine à nouveau. Peu de gens pour-
ront vivre cette expérience unique que tu vas vivre.
Alors profite de tous les regards, de tous les silen-
ces, de toutes les paroles et de toute cette ambiance
remplie d'amour et d'espoir qui s'offre à toi.
Ta route est encore longue et je souhaite qu'elle
soit pour toi remplie de succès, d'accomplissement
de soi.

P.

Une autre encore, d'un paraplégique :

Waouh ! Quel jeune homme tu es ! Tous tes rêves, tu les as réalisés jusqu'à maintenant. Tu es un homme de courage. Étant moi-même paraplégique – handicap de naissance –, je voulais te dire que nous devons tous croire en nos rêves. Peu importe notre situation. Moi, mon rêve, c'est de suivre les jeux Olympiques, et spécialement les Paralympiques. Parfois, je trouve cela difficile et je cesse d'y croire. Mais dans les moments difficiles, je pense aux gens, comme toi, qui par leur ténacité et leur persévérance réussissent des choses qui leur tiennent à cœur.

Tu es un exemple pour moi. Réussir sa vie ou réussir dans la vie, là est la question. Mais moi, je pense que tu as réussi les deux. Je te souhaite bon courage, bonne route vers l'avenir ! Surtout, continue de garder la foi. Encourageons-nous, nous, handicapés, à poursuivre nos rêves.

Si tu pouvais me réécrire de façon personnelle, j'adorerais ça. On pourrait continuer à s'écrire de temps en temps si tu veux.

Merci, mon ami.

C.

Celle-ci, d'une employée de bureau :

Je me sentais déprimée aujourd'hui. L'histoire de ce petit bonhomme plus grand que nature m'a profondément touchée et m'a rendu confiance en la vie. Il y a donc du beau sur cette terre et tu en fais partie, petit ange !

Ton sourire et ta jolie voix m'ont séduite.

Jérémy, n'arrête jamais de rêver et ne te laisse pas faire par la vie... Tu es la preuve que le courage et la détermination viennent à bout des « jamais ».

Au revoir et pense au Québec quand tu seras une superstar, connue dans le monde entier.

C.

Cette lettre d'un homme atteint d'une tumeur cancéreuse :

Jérémy, merci d'être ce que tu es pour les gens qui te regardent. Moi, je suis malade. Je vis un cancer mais j'ai un très bon moral. Tu sais me donner du courage. Je remercie Dieu de t'avoir placé sur ma route. J'écoute souvent ton disque à la maison et dans l'auto.

D.

Une personne handicapée encore :

J'ai 32 ans. J'aimerais te féliciter pour le beau succès que tu as depuis l'automne 2005. J'adore vraiment ce que tu fais. Tu chantes vraiment bien. La première fois que je t'ai entendu à la télévision, j'ai été très ému. J'ai versé des larmes, tellement c'était beau. Je te félicite aussi pour ton courage. Tu sais, je suis une personne handicapée physique. Je suis en fauteuil roulant et, parfois, je me dis que la vie n'est pas facile. Depuis que je t'ai vu à la télé, je me

*rends compte que la vie vaut la peine d'être vécue.
Je me rends compte qu'il est possible de réaliser ce
qu'on veut quand on le veut. Tout est possible dans
la vie, je crois. C'est beau de te voir aller. J'aimerais
beaucoup te voir chanter en vrai.*

Q.

La dernière de ce florilège, d'une psychologue :

*Comme tout le monde, j'ai été profondément tou-
chée par cet enfant exceptionnel qu'est Jérémy
Gabriel. C'est un petit ange dans un corps
d'enfant. D'autres diront que Jérémy est « une
vieille âme », ce dont je suis convaincue.
On montre souvent à la télévision, aux nouvelles,
des événements négatifs, des meurtres, des viols,
etc. Mais on montre moins souvent, voire rare-
ment, la bonté et la beauté sous forme humaine.
Jérémy, c'est la bonté et la beauté, tout simplement. Jérémy, c'est un petit garçon de 9 ans qui,
par son charisme et ses croyances, contribue à rendre les gens plus humains, plus beaux. Jérémy, par
ses paroles touchantes et sa vérité, va réussir – si ce
n'est déjà fait dans plusieurs cas – à inciter les gens
à croire en leurs rêves. Lui y croit, et ça marche !
On a besoin de petits anges comme toi pour nous
« éveiller » !*

M.

Charisme… Comme le dirait son père, une
énergie vibratoire, une facilité à se mettre au dia-
pason des autres. Jérémy, quand il parle d'énergie,

met les mains sur sa poitrine, comme s'il voulait diffuser une force, avant de la ramener sur lui, et ainsi de suite. Une circulation.

Des témoignages comme ceux-là, la famille Gabriel-Lavoie en reçoit maintenant tous les jours et, à l'heure où j'écris ce livre, c'est encore le cas, plus d'un an après son voyage à Rome. Avec ses parents, Jérémy s'efforce d'y répondre, mais ça n'est pas toujours possible.

Ne font-elles pas chaud au cœur, ces lettres ? Beaucoup d'hommes et de femmes se retrouvent en lui et dans son combat. Pourtant, qui est-il, sinon un petit garçon qui chante sans se poser de questions ?

Il doit bien y avoir autre chose derrière cela…

25.

Un dernier mot…

J'ai promis à Jérémy qu'il aurait le mot de la fin. Son père me disait qu'il ne l'avait jamais vu impressionné par quelqu'un. Avec le pape, c'était autre chose, comme un accomplissement. Il a trouvé Jérémy changé. Il est toujours son fils, mais il a l'impression qu'il est un « autre personnage », un être plus grand, un peu étroit dans sa carapace. Comme si « quelqu'un d'autre prenait sa place ». Comme si le corps de Jérémy ne contenait pas tout Jérémy, qu'il avait trop d'énergie ? Comme s'il s'en allait, déjà et comme il le chantait dans l'une de ses chansons, vers sa propre vie ? Comme si c'était à Rome qu'avait été posée la première pierre vers son autonomie ? Comme s'il commençait à échapper au cocon familial pour avancer vers son propre destin ?

Alors, et après ? Que peut-on bien vouloir encore après cela, quand on est monté si haut ? Et s'agit-il, d'ailleurs, de cela ? Mais peut-être manqué-je d'imagination et Jérémy nous prépare-t-il des surprises insoupçonnées. Il ira loin, sûrement, parce qu'il n'a pas d'inhibition. C'est du « charisme pur ».

En un mot, il est libre…

Au cours de l'entretien que nous avons eu avec lui sur son voyage à Rome, je lui ai demandé ce qui lui semblait le plus important de mentionner dans le livre.

Il est sur son lit. Il tient en main la carte de vœux de Céline Dion qu'il m'a montrée. Un enfant – René-Charles, le fils de Céline et René – sur une plage de sable blanc qui lance un frisbee, avec une légende : prendre la vie comme un jeu d'enfant. Bien choisi. Et un mot :

> « *Cher Jérémy. Bonne chance pour tous tes projets pour 2007. Nous sommes avec toi. De tout cœur à vous ainsi qu'à vos familles. Nos vœux les plus chaleureux pour la nouvelle année. Céline et René.* »

Après un long temps de silence :

— Et ton prochain rêve, Jérémy ?

— Maintenant, ils seront peut-être plus petits. Pour l'instant il y a des flashs que je garde secrets mais sinon, tu sais que j'aimerais être chanteur international. J'aimerais faire un spectacle en Europe, dans les pays pauvres en Afrique et aussi dans des villes où il n'y a pas de religion. Mais le plus important, c'est de partager son énergie. J'ai envie de partager la mienne avec les gens. C'est comme s'ils étaient mes amis. Tu donnes, puis tu reçois. Puis tu partages ce que tu as reçu, ce que tu as à l'intérieur, dans le cœur. Il faut que l'amour circule.

— Et le dernier mot pour ce livre, Jérémy ?

— Faites de nous un monde meilleur.

à suivre…

Remerciements

Aux parents de Sylvie, Danielle Côté et André Gabriel, ainsi qu'aux parents de Steeve, Claire et Benoît Lavoie.

Au Vatican, au Saint-Père Benoît XVI et à Marie-France Thérieault.

Et à Robert Jolicœur.

Table

Première partie – Rêver sa vie ?

Deuxième partie – Vivre ses rêves

Retrouvez Jérémy Gabriel sur son site Internet :

www.jeremygabriel.com

Pour en savoir plus
sur les Presses de la Renaissance
(catalogue complet, auteurs, titres,
extraits de livres, revues de presse,
débats, conférences...),
vous pouvez consulter notre site Internet :

www.presses-renaissance.com

Composé par Nord Compo
à Villeneuve-d'Ascq